新时代高校思想政治教育理论与实践探究

李 伟 著

中国书籍出版社
China Book Press

图书在版编目（CIP）数据

新时代高校思想政治教育理论与实践探究 / 李伟著. -- 北京：中国书籍出版社，2024.2

ISBN 978-7-5068-9801-0

Ⅰ.①新… Ⅱ.①李… Ⅲ.①高等学校—思想政治教育—研究—中国 Ⅳ.①G641

中国国家版本馆 CIP 数据核字（2024）第 043952 号

新时代高校思想政治教育理论与实践探究
李　伟　著

图书策划	成晓春
责任编辑	吴化强
封面设计	博健文化
责任印制	孙马飞　马　芝
出版发行	中国书籍出版社
地　　址	北京市丰台区三路居路 97 号（邮编：100073）
电　　话	（010）52257143（总编室）（010）52257140（发行部）
电子邮箱	eo@chinabp.com.cn
经　　销	全国新华书店
印　　刷	天津和萱印刷有限公司
开　　本	710 毫米 × 1000 毫米　1/16
字　　数	204 千字
印　　张	11.75
版　　次	2024 年 8 月第 1 版
印　　次	2024 年 8 月第 1 次印刷
书　　号	ISBN 978-7-5068-9801-0
定　　价	78.00 元

版权所有　翻印必究

前 言

中国特色社会主义进入了新时代,这是中国发展新的历史定位。中国进入新时代,意味着中国社会的各领域都将经历一次重大变革,迎来新的发展,高校思想政治教育领域也不例外。思想政治工作是我们党的优良传统和政治优势,是我们党治党治国的重要方式,是党团结带领全体人民战胜各种艰难险阻、不断从胜利走向更大胜利的重要法宝。

新时代为高校思想政治教育注入了新的活力,同时,也给思想政治教育提出了一个新的要求,那就是要不断提升高校思想政治教育的质量。高校要以学生为中心,以学校实际的思想政治教育开展情况为基础,不断探索并总结提升高校思想政治教育质量的有效路径。

本书主要阐述了新时代高校思想政治教育理论与实践,共分为六章。其中第一章的主要内容为新时代高校思想政治教育的概述,分别从以下三节进行详细论述,即新时代高校思想政治教育的理论基础、新时代高校思想政治教育的内涵价值、新时代高校思想政治教育对象的特点;第二章的主要内容为新时代高校思想政治教育的内容与路径,共分为两节,第一节主要介绍了新时代高校思想政治教育的内容,第二节主要介绍了新时代高校思想政治教育的路径;第三章的主要内容为新时代高校思想政治理论课体系建设分析,共分为以下三节进行论述,分别为新时代高校思想政治理论课体系建设的重要性、新时代高校思想政治理论课体系建设的创新、新时代高校思想政治理论课建设的资源整合;第四章的主要内容为新时代高校思想政治理论课的实践研究,主要通过以下三节进行详细论述,分

1

别为新时代高校思想政治理论课的教学实践、新时代高校思想政治理论课的宏观管理、新时代高校思想政治理论课的教育评价；第五章主要介绍了新时代高校思想政治教育的教学方法，共分为三节，分别是新时代高校思想政治教育的案例教学法、新时代高校思想政治教育的网络教学法、新时代高校思想政治教育的慕课教学法；第六章对新时代高校思想政治教育的队伍建设进行了深入探究，主要通过三节内容加以阐述，分别为新时代高校思想政治教育队伍建设的目标与意义、新时代高校思想政治教育队伍建设的策略与路径、新时代高校思想政治教育队伍建设的保障机制。

在撰写本书的过程中，作者得到了许多专家学者的帮助和指导，参考了大量的学术文献，在此表示真诚的感谢。本书写作力争内容系统全面，论述条理清晰、深入浅出，但由于作者水平有限，书中难免会有疏漏之处，希望广大同行及时指正。

李伟

2023 年 11 月

目　录

第一章　新时代高校思想政治教育概述 ································· 1
　　第一节　新时代高校思想政治教育的理论基础 ······················· 1
　　第二节　新时代高校思想政治教育的内涵价值 ······················ 12
　　第三节　新时代高校思想政治教育对象的特点 ······················ 17

第二章　新时代高校思想政治教育的内容与路径 ······················ 27
　　第一节　新时代高校思想政治教育的内容 ···························· 27
　　第二节　新时代高校思想政治教育的路径 ···························· 43

第三章　新时代高校思想政治理论课体系建设分析 ··················· 57
　　第一节　新时代高校思想政治理论课体系建设的重要性 ··········· 57
　　第二节　新时代高校思想政治理论课体系建设的创新 ·············· 59
　　第三节　新时代高校思想政治理论课建设的资源整合 ·············· 87

第四章　新时代高校思想政治理论课的实践研究 ······················ 96
　　第一节　新时代高校思想政治理论课的教学实践 ··················· 96
　　第二节　新时代高校思想政治理论课的宏观管理 ·················· 104
　　第三节　新时代高校思想政治理论课的教育评价 ·················· 113

第五章　新时代高校思想政治教育的教学方法 ······················· 120
　　第一节　新时代高校思想政治教育的案例教学法 ·················· 120

第二节　新时代高校思想政治教育的网络教学法……124
　　第三节　新时代高校思想政治教育的慕课教学法……131

第六章　新时代高校思想政治教育的队伍建设……146
　　第一节　新时代高校思想政治教育队伍建设的目标与意义……146
　　第二节　新时代高校思想政治教育队伍建设的策略与路径……157
　　第三节　新时代高校思想政治教育队伍建设的保障机制……173

参考文献……179

第一章 新时代高校思想政治教育概述

本章的主要内容为新时代高校思想政治教育概述，分别从以下三节进行详细论述，即新时代高校思想政治教育的理论基础、新时代高校思想政治教育的内涵价值、新时代高校思想政治教育对象的特点。

第一节 新时代高校思想政治教育的理论基础

一、马克思主义基本理论

马克思主义基本理论是马克思主义与中国发展过程中具体实际相融合的理论体系。它以科学的世界观和方法论揭示了人类社会发展的一般规律。它是认识和改造世界的强大理论工具。自它诞生以来，中国共产党一直以马克思主义作为指导思想，在长期的实践中，毛泽东思想、邓小平理论、"三个代表"重要思想、科学发展观和习近平新时代中国特色社会主义思想逐步发展形成。

（一）马克思主义中人的全面发展理论

人的全面发展理论是马克思主义的核心理论，也是其研究归宿。该理论从社会关系的角度，全面地认识人的本质，得出人具有社会性的结论，社会性是人与动物得以区分的本质属性。它以社会发展视角分析人的全面发展，并指出只有发展到生产力高度发达的"未来社会"，让人们劳动不再是为了谋生，才能使人的全面发展最终得以实现。人的全面发展包含四个层面：社会关系、个人需求、能力以及个性。

人的全面发展中的"全面"应该是充分、整体、综合、全方位、形成规模的。

这就意味着人的发展需要达到人的存在与发展、劳动与享受相互统一，天赋与潜能、兴趣与才能、个性与自由都能相互调和，这是以社会生产力发展到一定高度为前提的，这也体现出，人与社会的发展的程度一定是互相制约和协调一致的。

这一理论揭示了人类社会发展的一般性规律，希望让劳动者通过了解这一规律后认清唯有建立公有制为基础的"未来社会"，方能实现个人的全面发展。马克思从人与社会的辩证关系入手，全面地分析人的本质，提出人的全面发展与社会生产力的发展互相制约，互相促进，社会若想得到发展需要尊重和保障人的权利与尊严。

因此，"人的全面发展"的基本内涵应包含以下四个方面的内容。

1. 社会关系的全面发展

人身处于社会之中，不能脱离社会谈发展，人的发展受社会关系变化的影响。马克思认为："社会关系实际上决定着一个人能够发展到什么程度。"[①] 社会关系的全面发展有助于人更积极地参与到社会交往之中，并从中获取政治、经济、文化各个领域的信息，丰富自身的阅历，更新原有旧的观念、开阔新的眼界，实现从片面到全面的发展。

2. 个人需求的全面实现

个人需求的有效实现最终推动了人类社会向前发展，马克思指出："人的需要的丰富性，从而产生的某种新的方式和生产的某种新的对象在社会主义的前提下具有何等的意义：人的本质力量的新的显现和人的存在的新的充实。"[②] 具体而言，"人的需要"有以下三个特征。

第一，多样性。个体情况的差异必然有不同的需要，而每个个体所处在丰富的社会关系中自然需要也是相应丰富的。多样性可以从主体和对象两个方面理解。对象多样性，即把人的需要划分为：与吃、穿、住、用、行等有关生存保障的自然性需要，和与交往、感情、文化等精神生活方面有关的社会性需要。主体多样性，即把人的需要划分为群体性需要和个体性需要。群体性需要得到满足可以实现社会的发展，而群体性需要的满足是以个体性需要的满足为条件的，社会进步又能为个体需要的满足创造有利条件。

---

① 马克思，恩格斯. 马克思恩格斯选集（第1卷）[M]. 北京：人民出版社，1995.
② 马克思，恩格斯. 马克思恩格斯全集 [M]. 北京：人民出版社，1980.

第二，多层次性。把人的需要分为三个层次：维持生命的生存性需要，获得精神满足的享受性需要，以及寻求自我实现的发展性需要。三层需要层层向上，下一级的需要被满足后自觉提升到上一级。随着社会生产力的进步，人的需要进一步被满足，致使人的需要逐步向高一层次上升，当人在追求最高层次发展的需要时，社会的物质与精神产品连带得到了丰富和充实。不断满足人的多层次需要的过程和人的全面发展是辩证统一的，在人类发展的历史长河中得到了统一。人的需要的多层次性根本上是丰富而繁杂的社会关系在人身上的综合呈现，同时也体现出人能够实现全面发展的复杂性。

第三，发展性。人的需要在社会的进步中不断发展。在生产力落后、物质匮乏的原始社会中，人的需要处于以生存为核心的最低层次。当社会进入到生产力快速发展、物质财富有了一定积累的资本主义社会时，人们的基本生存有了保障，开始追求物质层面的满足。而进入到马克思提到的生产力高度发达、物质财富与精神财富都非常充裕的"未来社会"时，人从追求物质富足发展转变为追求精神实现。

3. 个人能力的全面发展

个人能力是全面发展的核心，其前提条件是从意愿上可以自由选择，即可以自由选择想要发展的能力。个人能力一方面是指具有生物属性的体力，是人在完成劳动时付出的身体行为力量；另一方面是具有社会属性的智力，是人通过后天学习、实践、练习，得到的精神方面的生产力。

4. 人的个性的全面发展

人的个性产生于社会生活和实践。人的个性的全面发展包括个人独特性和主体性水平两个方面的全面发展。主体性水平包括认识自然和改造自然的自觉能动性、对现实的超越和突破的创造性以及自我体现与控制自主性在参与社会关系活动时的水平。个人全面发展必然会发展出不同个体的独特性，每个人根据自身不同的精神需要发展出区别于他人的个性，社会也将会更加精彩。

（二）马克思主义教育理论

历史唯物主义和辩证法为科学地、系统地认识教育现象提供了思想武器。马克思主义在探寻人类社会发展进步的基础理论时，也全面地调查和剖析了有关教育的现象，提出了一系列的教育观点，有机组成了马克思主义教育理论，其中对教育本质的探究和人的全面发展的研究是最核心的内容。

1. 教育的本质属性是社会性

教育的本质属性是马克思主义教育理论首要解决的根本性问题，教育是一种社会现象。

首先，教育最初是因人类在劳动时传承劳动经验、生活经验发生的。人的自身发展和社会化触发了教育活动的产生，可以说教育的出现就是人类自身生存需要的生产与基于这些需要而产生的再生产得以延续的需要，也就是社会发展的需要。由此可见，教育活动是人类社会独有的现象，产生于人的自身发展和社会需要的辩证统一。

其次，教育是人类社会特有的。第一，教育需要意识参与，意识是人所特有的。从人意识到人类传承和社会发展，需要传递知识，因此而自觉有意识地进行教育活动。第二，只有人类社会是通过教育进行经验传递的。动物对于怎么适应环境使得种系繁衍发展主要是通过遗传基因进行代际传递的。而人类社会的繁衍发展虽然在遗传基因中也有所体现，但更多的是通过人类后天的教育和学习，使得经验和智力得以传承。

最后，教育在不同的社会形态中会呈现出不同的性质。回顾人类历史，社会主义教育是迄今为止最先进的教育，在这一背景下提到的人民的教育、机会均等的教育、用共产主义思想教育学生、根除剥削阶级思想和宗教影响、主张平等、师生间平等协助等，都体现了其先进性。

2. 通过实施全面教育促进人自由而全面地发展

马克思从不同角度探究人的本质和社会发展规律，通过解析生产力发展导致的全社会分工细化和私有制导致的人的异化，得出资本主义大工业制约人的全面发展的结论。也就是说实现人的全面发展的目的就要通过无产阶级革命理想、目标来完成，接下来从主要内容进行介绍。

（1）分析资本主义工人的异化的原因，提出人的全面发展理论

资本主义社会的特点决定了生产实践会让工人的身心发展产生分裂。工人在劳动过程中出现的智力和体力的分离和对立是一种异化，而产生这种异化的原因是资本主义生产方式中的旧分工，分工使得工人们有局限地发展。马克思分析研判大工业发展的规律，指出新的大工业变革势必以人的全面发展为新的要求。

（2）分析资本主义大工业的绝对矛盾

资本主义大工业的绝对矛盾是：个人全面发展推进了机器大工业，同时也丰富了物质条件基础，但是此时旧的分工方式让人实际上无法获得全面发展。马克思分析这一绝对矛盾的主要表现有：第一，大工业对生产技术进步的需求是以科学性和革命性为基础要求的，这就需要打破工人在工厂从事手工业中的旧式分工，只有打破这种旧的分工，才能让掌握生产技术的人解开束缚得到发展，实现生产技术的进步与突破，但事实上在实践中人的发展却恰好相反；第二，大工业下，技术的进步有效地缩短了劳动时间，机器对人工的代替也减轻了劳动者的劳动强度，但又因为资本主义大工业下资本家对利益的追求，实际上造成了劳动时间的增加和强度的加大，导致劳动者无法自由发展；第三，资本主义大工业生产为劳动者脑力与体力两种劳动相结合创造了物质基础，然而资本主义的社会制度却造成了在实际劳动过程中体力和智力更严重的相互割裂与排斥。

（3）分析共产主义任务与个人全面发展的一致性

共产主义者真正向往并致力追求的人的全面发展是在现实世界里，只有自己可以自由选择、驾驭自身才能把握发展的方向，而不是因为理想或者职责。因此，需要脱离资本主义的限制，在社会主义社会和共产主义社会中实现。具体来说有以下三点原因：第一，共产主义的根本目的所决定的；第二，共产主义社会是通过每个成员的全面发展来实现为所有成员提供充足的物质的；第三，消灭私有制和阶级的内在要求。

（4）分析制约个人全面发展的社会条件

个人的发展受生产力和社会关系的共同制约。因此，如果要实现个人发展，首先要解决的就是改变社会旧的生产方式。资本主义社会大工业生产的分工方式造成了工人们的片面发展，消灭旧的分工，根本目的是让工人从机器的束缚中解放出来，结束周而复始的单一、机械、终身的劳作，实现个人的全面发展。前文内容介绍过人的全面发展是需要有自由时间的，资本家们需要压榨工人的劳动时间得到更多利益，很难让工人有自由的时间进行个人发展，因此，实现人的全面发展要缩短劳动时间和减轻劳动强度。

3.教育同生产劳动相结合实现人的全面发展

教育与生产劳动相结合造就全面发展的人，并以此保障和促进社会生产力持续发展，是马克思对教育思想史非常重要的贡献之一。这一论断是建立在他对资本主义发展历史的全面分析的基础上的对教育形态的预见。他认为："人学习先进科学知识、进行现代生产劳动是符合现代生产的客观要求；现代生产促使生产力得到提高、社会财富增长又为人提供了空闲时间，这是人能够实现全面发展在物质上的基础条件。"①

个人的全面发展指的是个人在智力和体力两方面的充分、整体、综合、全方位、形成规模的发展。实质上是在智力、体力得到发展后，实现脑力劳动与体力劳动的充分结合。实现这一目标就需要把教育同生产劳动有机结合在一起。发展至今，这已经发展成为马克思主义教育的基本原则。它可以从两个角度进行理解：一是生产劳动同教育结合，这里要表达的意思是，呼吁工人们要为自己的后代争取能够接受教育的权利；二是教育同生产劳动结合，这里所重点强调的意思是，在良好的社会制度下劳动者有条件在幼年、少年时期就接受教育，但往往会出现教育与生产劳动剥离而独立存在的情况。近年来，劳动教育被党和国家愈加重视，这也是对坚持这一教育基本原则的生动诠释。

二、习近平总书记关于大学生思想政治教育的重要论述

习近平总书记充分审视了当今国际发展的总体趋势，并且站在世界的宏观角度考察各国教育事业发展格局，立足我国目前所处的国际环境和内在发展要求，提出了一系列有关教育的重要观点和论断。系统地总结了中国教育改革过程中的经验和教训，致力解答我国现阶段以及在未来发展中，有关教育的现实问题。聚焦教育的根本问题，紧密联系"两个一百年"和"中国梦"，精准回答了我国要培养什么人、怎样培养人、为谁培养人的问题，最终得出结论——中国想要建设教育强国，让教育更好地服务于社会主义建设，服务于现阶段发展的新要求，就必须始终坚持走中国特色社会主义道路，致力于培养德智体美劳全面发展的社会主义建设者和接班人。

（一）为党育人、为国育才的教育核心任务

2018年习近平总书记在北京大学师生座谈会上指出："培养社会发展所需要

---

① 马克思，恩格斯.马克思恩格斯选集（第二卷）[M]，北京：人民出版社，1995.

的人，说具体了，就是培养社会发展、知识积累、文化传承、国家存续、制度运行所要求的人。"[1]教育的首要问题是培养什么人的问题。古今中外，各个国家在培养人才这个问题上，都是从本国的政治需要出发的。通过深入洞察本国的发展需要，研究发展中的特点，分析自身优势和劣势，有针对性地培养符合本国政治、经济、文化建设发展需要的人才。我国也不例外，中华人民共和国成立初期，就明确了教育为无产阶级服务的立场。进入新时代，我国的教育依然初衷不改，以实现"为党育人，为国育才"为目的，培养我国的社会发展所需要的人。

我们国家的性质决定了"为党育人、为国育才"是教育的核心任务。国家发展教育目的是为党、为国培养人才，而能够称之为人才，首先他们思想上有符合我国社会主义性质基本要求的理想信念，其次他们所掌握的知识与技能也是符合我国发展建设的基本要求的。只有如此，人才的发展才能与国家、民族的发展协调一致，互相促进，实现国家的富强、民族的复兴、个人的全面发展。中国共产党的历史使命决定了为"为党育人、为国育才"是教育的核心任务。我们党的历史任务是完成"中华民族千秋伟业"，那这个千秋伟业又是什么呢，就是"为中国人民谋幸福，为中华民族谋复兴"[2]。而实现这一目标就必须有丰富的人才储备，有着同中国共产党相同价值追求和共同理想信念的人，齐心协力为这一事业奋斗。培养这些人才就是我们党在实现自身初心使命的必经之路，归结起来就是"为党育人、为国育才"。

教育是国之大计、党之大计，"为国育才"是教育作为"国之大计"的重要体现，"为党育人"是教育作为"党之大计"的重要体现。回顾中国近现代历史，每一次国家从困难中崛起，从低谷中迎来新的希望，无不是与人才有关，都是一批批有着共同理想的有志之士，脚踩黄土，风沙遮面，却仰望星空，奋斗在国家发展的第一线。从一代一代的，有着共产主义理想的革命前辈为中华人民共和国的建立抛头颅洒热血，到"两弹一星"科学家们怀揣梦想、忍耐孤独，只为能看到中国可以昂头挺胸地站在国际舞台上，再到奔赴脱贫攻坚一线的社会主义建设者们，为实现告别绝对贫困这一中国几千年来的梦想所做的奉献，这些坚守最后之所以开出理想之花，都有着为社会主义建设奋斗终身的远大志向赖以支持，有

---

[1] 习近平. 在北京大学师生座谈会上的讲话[N]. 人民日报, 2018-05-03(002).
[2] 任仲文. 新时代伟大成就面面观[M]. 北京：人民日报出版社, 2022.

着建设国家需要的科学文化知识作为行动的支撑，如此才能让他们有力量在黑夜中依然努力前行，最终到达理想的彼岸。

（二）高等教育立德树人的中心思想

习近平总书记在党的重要会议上和思想政治工作相关会议上多次提到："教育的根本任务是立德树人"[①]，并且强调了要把这一根本任务落实到新时代党的各项工作中，为培养出可以担当民族复兴大任的青年一代，培养出德智体美劳全面发展的时代新人，培养出符合我国发展需要的社会主义建设者和接班人而不懈努力。习近平总书记将目光放在我们新时代教育发展全局，深刻解答了立德树人在我们国家建设的新时代的内涵。

1. 立德树人在教育中的重大意义

在中国的教育历史中，一直有着对"德"孜孜不倦的追求和崇尚。"太上有立德，其次有功，其次有立言"，"立德"一说始于此，立德、立功、立言也成为一代代中国读书人发奋苦读所不懈追求的人生境界。一个国家能强盛发展，势必需要有万众一心的力量，而力量之源就是这个国家所有成员有共同价值追求，也就是国家、民族传承的核心价值观。因此，习近平总书记多次指出"立德"对我们国家的重要性，对人民个人的重要性，他把立德摆在了教育核心任务的重要位置，摆在了人民个人全面发展的首要位置。

习近平总书记纵观历史的发展，深刻地分析了"德"的内涵，指出德有大德、公德、私德三个层次。大德指的是在国家人民层面，有大德才有大的格局和心胸，才能成就大业。具体就是个人要有报效祖国和服务人民的志愿，有将个人前途置于祖国和民族发展之中的意识；懂得只有国家强起来，其中的每一个成员才会在世界上有尊严，才能够自由地选择个人如何发展；懂得只有成员间乐于互相成就，每个成员才能更自在地追求个人的理想和价值。在"明大德"的同时也要严守私德，不以善小而不为，不以恶小而为之，守好自身的小节。只有在小事上都能严格要求自己，才能形成习惯，修养出自身的良好品性，才能在大是大非面前守住初心，不忘来路。崇德修身是做人做事的前提，人而无德，行之不远，如果一个

---

① 高举中国特色社会主义伟大旗帜为全面建设社会主义现代化国家而团结奋斗中国共产党第二十次全国代表大会在京开幕习近平代表第十九届中央委员会向大会作报告[J]. 党史纵览，2022，（11）：4-6.

人德行不好，就算有再丰富的知识和大的学问，大家也都不愿意与之为伍，同样因为没有良好的德行，做事情只从私利着眼，久而久之也只能是对蝇头小利斤斤计较，很难成大器。

学校的立身之本在于立德树人，要把立德树人融入教育的各个领域，检验学校一切工作的根本标准就是立德树人工作的成效如何。青年人作为国之栋梁，只有"明大德"后将个人小我融入祖国建设的"大我"之中，才能实现国家和民族的共同进步，让青春理想在祖国的宏伟大业中放飞。

2．"德"的新时代内涵——社会主义核心价值观

那么在我们肯定了"德"的重要意义后，就需要进一步领会我国走入新时代的今天，"德"的内涵为何。社会主义核心价值观集中体现了当代中国的精神内核，也凝结了全体中国人民、中华民族共同的价值追求，是中华民族发展至今"德"的具体表现，充分具象了中国人的"大德""公德""私德"。首先，"富强、民主、文明、和谐"，是我国的建设目标，是国家层面的价值要求，处于最高层次。其次，"自由、平等、公正、法治"，是人民对幸福美好的社会具体形象的描述，是一种社会层面价值要求，体现了中国特色社会主义社会所应该具备的基本属性，也是中国共产党不断努力、长期向往和实践的方向。再次，"爱国、敬业、诚信、友善"，是我国社会对其成员自身所应该具备的品质的描述，是公民层面的价值要求，它涵盖了社会生活有关个人的德行，是每个公民构建美好社会所应当共同遵守的道德规范，同样也是评价一个公民的行为是否符合道德要求的标准尺度。社会主义核心价值观集中体现了我们对国家、社会、公民的所有价值目标，翔实地回答了我国要建设的国家是什么样、社会是什么样、培养的公民是什么样的问题。

核心价值观承载一个民族、一个国家的精神追求，体现着一个社会评判是非曲直的价值标准。培养和弘扬社会主义核心价值观是为民族凝魄聚气、强基固本的基础工程。习近平总书记指出："如果一个民族、一个国家没有共同的核心价值观，莫衷一是，行无依归，那这个民族、这个国家就无法前进。"[1]一个国家、一个民族文化的力量，取决于这里的人民共同的核心价值观是否有生命力、凝聚力、感召力。

"青年兴则国家兴，青年强则国家强"。总书记用"扣扣子"的比喻，生动地讲解了在青年时期养成正确价值观的重要性，勉励广大青年勤学、修德、明辨、

---

[1] 习近平. 青年要自觉践行社会主义核心价值观［N］. 人民日报，2014-05-05（02）.

笃实。在培育和践行社会主义核心价值观的过程中，习近平总书记也非常重视发挥广大师生的积极性、主动性、创造性。勉励广大师生坚守社会主义核心价值观，让自己成为其坚定的信仰者，进而在生活、教学的各个环节积极地传播它、模范地践行它。

（三）高等教育三全育人理念——三全育人是路径

思想政治工作要贯穿教育教学全过程，实现这一目标，就要调动一切力量，推行三全育人，即实施全员育人、全程育人、全方位育人。

1. 高等教育三全育人理念的提出背景

我们党历来强调，思政工作是一个系统工程，需要齐抓共管。习近平总书记对思政工作的关注也从未放松，在他的指导下，党进一步明确了"三全育人"的内涵，并确立了育人导向和问题导向的工作思路，并强调要完善领导体制和工作机制，打造齐抓共管的良好工作态势，最终达到所有人员共同参与其中，形成思政工作大格局。

具体来看，高校三全育人理念包括五个层次的内容：一是党委的全面领导，二是坚持把思政工作放在首位，三是"大思政"的运行机制，四是占领课堂教学主阵地，五是工作方法的创新。

"三全育人"理念是一个不断完善的过程。教育部"三全育人"综合改革工作的启动，充分体现了国家希望有效促进高校思政工作的决心，这是对时代的响应。

2. 高校三全育人理念的内涵

"立德树人"是教育的根本任务，"三全育人"是实现途径。在广义上，"三全育人"的内涵并不局限于德育，而是触及教学育人的每个环节；而狭义上，就仅仅是以德育为对象，从参与者、时间和空间三个角度对思政教育的推行机制进行探讨。

全员育人，即在高校范围内的所有工作人员都是育人的参与者，为了共同的育人目标，在自己的本职工作中，对学生进行教育。例如，教师在上课过程中，通过传授知识对学生进行德育教育；学校的管理人员在为学生办事时或设计学生管理流程时考虑德育因素；学校的后勤工作人员在为学生提供服务的时候融入德育教育等。

全过程育人，即育人的时间范围。就是说要把德育融入学生读书期间的每个时间段。让学生从进入学校到毕业离开学校，都能受到符合所在成长阶段成长规律的德育教育。而思政工作者也需要把握学生的成长规律，有针对性地结合学生不同阶段特点，把握工作重点，提高德育工作开展的精准性。

全方位育人，即育人的空间范围。强调德育工作要在多个场域下进行，应当将育人过程中各方面、各环节有效衔接，拓宽德育工作开展的渠道。润物无声地将思政教育沉浸到学生学习生活的每个场域，不论是在教学环节，还是学生自我学习实践的环节，又或是在家庭、宿舍的生活环节，寓教于事，春风化雨，进而促进大学生成长成才。

德育工作是一项系统工程，需要教育领域的多方参与，形成合力。也就是需要把学校、家庭、社会紧密相连，有统一的领导，部门协同，共同打造工作开展机制，构建大思政格局。从德育工作的全局着眼，充分调动一切力量，最终实现从"思政课程"向"课程思政"的变革，形成德育工作新格局。

3. 高校三全育人理念实践探索

近年来，在党和国家的指导下，各大高校和专家、学者积极探索，其中比较有代表性的是岳修峰教授将大学生活分为入学时期、在读时期、毕业季三个阶段，然后根据这三个阶段学生的成长特点、存在的问题，提出有针对性的育人对策。

（1）入学教育阶段

初入大学的学生往往存在期望过高引起失落心理、目标缺失、学习动力不足、生活不适应等特点，存在多元化的理想信念、价值取向功利化的问题。针对这一时期，应该利用好军训进行思想政治教育，开展形式多样的入学教育。具体来说，如在军训中培养学生吃苦耐劳、艰苦奋斗的精神；通过心理健康讲座、专业发展讲座、新生联谊晚会等活动帮助学生尽快了解和适应大学生活等。

（2）在读教育阶段

经过大一阶段的适应后，大学生对学校有了一定的了解，这一阶段的学生特点是有强烈的政治热情但缺乏辨别是非的能力、有远大理想但过分追求个人价值、对新事物产生好奇心理但困惑较多、积极参与竞争但存在投机取巧心理等。针对这一时期的特点，育人工作开展对策有以下几个方面：一是要拓展思想政治教育的内容，与时俱进，体现时代特点，结合大学生的实际需求，加强人文教育，注重人的全面发展；二是要显性教育与隐形教育相结合，既要直接给予学生道理，又要通过树立榜样、开展德育教育类的实践活动，在奖助评等过程中让同学体验到德育的精粹，让道理遇到学生后有一个内化于心的过程；三是要创新思政教育方法。传统的灌输式、说教式的教育方式已经不能满足和适应在信息时代成长起来的学生需求，这就给高校的思政教育提出了新的挑战：怎样用学生乐于且愿意接受的方式讲好思政课；四是要传承人文精神，应对功利主义挑战。我国发展需要的人才，对科学技术知识的掌握只是必要条件，但如果缺乏了对人文的基本关怀就无法做到报效祖国服务人民，甚至无法做到尊重自己真实的发展需要；五是要传递核心价值观，应对多元化价值冲击。学生的思想是高校思政教育争夺的主要阵地，信息的爆炸发展为在学生获取知识带来便利的同时，也带来了不良的思潮，社会主义核心价值观是经过我国历史积淀留给中国人的精神财富，也是让我们民族得以存续的精神力量，核心价值观的教育是我们德育工作开展的核心内容；六是加强高素质的高校思想政治教育队伍建设。育人者，传道立身，方能言传身教，让学生奉其教，听其言，信其道。

（3）离校教育阶段

毕业季学生多存在情绪不稳定但思想趋于成熟、学生外出实习管理难度增大、就业压力大感到迷茫等特点，育人工作普遍存在的问题有：有较强进取心和对成功的渴望但理想信念动摇及道德观念淡化；小事就容易造成心理情绪的波动；关注自我价值的实现，但缺乏足够的责任意识和纪律观念等。针对这一阶段的育人工作要注重理想信念教育隐形化，就业指导与思想教育相结合，多形式开展职业道德教育，充分利用网络进行心理健康教育，利用毕业生离校活动开展情感教育。

第二节　新时代高校思想政治教育的内涵价值

一、高校思想政治教育的内涵

目标是导向和引领，有了目标才能让工作具有明确的方向，指导具体的行动。高校思想政治教育的目标就是解决"为谁培养人，培养什么人，怎样培养人"的问题，厘清这一问题才能指导教育实践，为党育人、为国育才。

高等教育坚持的原则是保持社会主义办学方向，全面落实人才培养坚持党的领导不能有丝毫的懈怠和变通。在大船行驶过程中不能偏航、不能抛锚，遇到狂风暴雨保持清醒的定力和良好的工作方法，闯过风雨就会迎接目标的实现。根本是立德树人，十年树木百年树人，通过思想政治教育让党的理论方针政策路线得到广大青年的认可和拥护，让青年树立崇高的理想，在政治观点、道德要求等方面都能适应社会发展的需求，并为社会发展作出自己应有的贡献。每一代人都有自己的使命和责任，新时代青年就是中华民族伟大复兴的重要力量，青年强则国强。

在新时代背景下，思想政治教育需要在"促教""促学"等方面发挥重要作用，积极促进学生的成长成才。新时代赋予思想政治教育新的内涵，在实现基本教育功能的基础之上，思想政治教育已成为对青年学生进行行为引导、就业指导的重要载体。因此，新时代高校思想政治教育的内涵主要包括两个方面：一是以人为本，发挥思想政治教育在人才培养中的重要促进作用；二是以德育为目标，构筑育人防护墙，强化对学生思想道德品行的培养。

（一）以人为本，实现以"育"促"培"

当前，青年大学生的成长环境发生了显著变化，特别是网络文化无时无刻不在影响着当代大学生。这就要求思想政治教育须跳出以说教为主导的教育形态，转而在培育学生积极的思想品行等方面发挥作用。在新的教育环境之下，高校思想政治教育需要审视教育对象多元化的现状，充分结合大学生的个性发展需求，促进学生的全面发展，引领学生知行合一。以人为本是高校思想政治教育的核心内涵，以"育"促"培"是思想政治教育的基本功能。这是高校人才培养的出发点与落脚点，也是思想政治教育渗透与融入高校教学的重要保障。

（二）以德育为目标，构筑育人防护墙

德育一直是高校思想政治教育的重要内容，也是思想政治教育的深层次追求。在网络不良思想的侵蚀之下，奢靡主义、享乐主义思想在大学生群体中出现，进一步要求思想政治教育须坚持构筑育人防护墙，传播习近平新时代中国特色社会主义思想、社会主义核心价值观。不可回避的是，高校思想政治教育面临新的挑战，如大学生群体思想的变化、互联网文化的冲击等，因此，高校思想政治教育要与时俱进,积极发挥新的育人功能。高校须以思想政治教育武装人才,将思想政治教育渗透到学生的专业学习、职业规划、就业求职等领域,将着力把培养具有爱党爱国情怀、崇高理想信念以及对中华优秀传统文化认同的新时代青年学生作为思想政治教育的目标,实现对思想政治教育内涵价值的最好诠释。

二、高校思想政治教育的价值

在整个学术界,项久雨对思想政治教育价值这个概念的定义被广泛认可和接受。"主体是在思想政治教育的实践和认识活动中建立起来的,以主体尺度为尺度的客观的主客体关系,是思想政治教育的存在及其性质是否与主体的本性、目的和需要等相一致、相适合、相接近的关系。"[1] 在教育实践活动中这种关系对受教育者的发展起到了一定的作用,在社会关系中对人类社会的发展与进步呈现出一种积极的作用。

在不同的依据下,思想政治教育价值呈现多样性,涵盖多种类型。以不同的主体属性,可将其划分为社会价值、集体价值和个体价值。接下来将从这三个方面分别展开论述。

(一)社会价值

1. 思想政治教育的社会价值内容

思想政治教育的社会价值所包含的内容,目前整个学术界没有达成同一观点。有的学者认为其内容主要包括经济价值、政治价值、文化价值和生态价值,也有学者认为其内容主要体现在"保障物质文明建设、推进政治文明建设、促进精神文明建设和推动生态文明建设"[2]。作者认为以上学者的观点很明显地是以作用的具体社会领域作为分类的依据,突显在社会领域思想政治教育对各个主体需求的满足。从其内容的结构来看,可以说完全是无差异的,只是在表达方式上展现出了差异性。另有学者认为思想政治教育"具有维系社会生存、推动社会发展、实现社会管理的价值"[3],"社会价值表现为两个文明建设的根本保证、社会治理的重

---

[1] 项久雨. 思想政治教育价值论[M]. 北京:中国社会科学出版社,2003.
[2] 闵绪国. 思想政治教育价值研究[M]. 北京:人民出版社,2017.
[3] 李合亮. 思想政治教育探本——关于其起源及本质的研究[M]. 北京:人民出版社,2007.

要手段、塑造人格的主导力量"①。以上两个观点的表述更倾向于给其社会功能和作用做出解释而并非给社会价值下定义，它们更多地是在突显思想政治教育对维护社会稳定和促进社会发展的意义和作用。也有人认为思想政治教育"具有整合社会思想、引领主流价值、疏导社会心理、规范社会行为、协调社会关系、维护社会稳定等方面的价值"②。显而易见，这是从社会治理的角度对思想政治教育的作用做了结构较为完整的阐述，对之前所忽略的中观层面社会需求进行了补充和完善。

所以说思想政治教育的社会价值要建立在人的意识形态发展和社会道德形成发展规律的基础之上，以个体思想品德和社会良好风气的形成发展规律为依据。通过开展形式多样的教育实践活动，最终实现满足社会发展、推动社会稳步前进的目标。

2.思想政治教育的社会价值的特征

思想政治教育的社会价值一方面具有激励性的特征，它包括目标和情感的激励，即能够以社会发展目标带动社会成员，也可以通过某一感性因素鼓舞社会成员，使其团结在共产主义目标的旗帜下，从内心认可变为主动参与到建设社会主义伟大事业的实践活动当中，再进一步演变成为社会主义伟大事业而终身不懈奋斗。另一方面，思想政治教育的社会价值还表现在物质价值和精神价值方面，它拥有这两者的双重特性，并且实现两者之间的相互转化，但只有经历复杂的实践过程后才能将精神价值真正转化为物质价值，实现物质价值与精神价值的统一。比如，当社会成员拥有较强的主人翁精神和历史责任感、使命感并以此指导实践，其实践的结果多半是正向的积极的，这代表精神价值向物质价值转化的成功，而思想政治教育的社会价值的精神价值也需要通过实践才能变成有利于社会发展的物质价值。

（二）集体价值

高校思想政治教育集体价值是思想政治教育理论的重要组成部分，对其理论进行探索研究，是发展思想政治教育理论的必然要求。只有把握好其功能作用，才能够更好更深入研究个体价值和社会价值。个体离不开集体，脱离集体的个体无法生存。从宏观来看，思想政治教育的内容极度抽象；从个体来看，其内容又

---

① 陈秉公.思想政治教育学原理[M].沈阳：辽宁人民出版社,2001.
② 付安玲.社会治理视域下思想政治教育的价值及其实现[J].思想理论教育,2015(10):6.

极为具体。高校思想政治教育活动以大学生为群体开展，它不同于学生之间的教育或是学生自我教育，而是依据社会一般性要求，基于大学生这一群体的实际接受的程度、教育工作者的言传身教等具体实际情况，所开展的教育实践活动。因此，要通过教育实践活动贯彻立德树人根本任务，实现每个学生的自身全面发展，在新时代背景下发挥高校思想政治教育的集体价值，不断提升教育实践活动的实效性。

在大学里，由于学生们每个人都是单独的个体，每个人的认知、个性、特征等方面都是极为不同的，因此极容易产生不同的观点、矛盾和冲突。而通过冷静地调解和分析，我们就会发现大部分矛盾和冲突源于学生个体间沟通和交流的缺乏。因此，在开展实践教育过程中，可以通过开展形式多样的活动方式为学生们创造加强沟通与交流的机会和条件，随后通过对情绪的有效疏导，缓解人际关系的紧张，化解矛盾。在集体内部形成一个良好环境，构建和谐友爱的人际关系，从而确保集体目标的圆满完成和顺利实现。例如，新生入学后要适应集体生活，从之前是每个家庭的宝贝到生活在一个屋檐下接纳他人的所有，是需要一个不断适应的过程的。开始源于对新鲜事物的好奇和探索，宿舍舍友之间的矛盾不会立即凸显，但随着时间的推移，加之个体的差异性，如若没有较好的沟通与交流，很容易出现寝室矛盾，需要老师介入进行调和。通过开展一系列的谈心谈话、心理疏导、团体辅导等方式，引导学生学会接纳他人的不足，同时看到自身的缺点，通过对情绪的有效疏导，缓解紧张的人际关系，从而构建友爱温馨的寝室环境，利于宿舍各个成员的成长与进步。

通过各种途径和方式的实践教育，去培养学生们的集体认同感、归属感以及荣誉感，强化学生们的集体情感和集体行为，久而久之学生们由内心奔涌出热爱集体的情感，最终自主自觉投身于集体活动中，朝着最终目标迈进。例如，在理想信念教育的过程中，从大学生共产党员入手，通过展示学生们身边熟悉的人物的典型事迹，让学生们看到共产党员的先锋模范带头作用，如那些自愿加入抗疫斗争的大学生党员志愿者、那些放弃优渥薪酬待遇甘愿在脱贫攻坚一线的大学生村官、那些为了捍卫国家利益冲锋在前的无名英雄。鼓励青年大学生要结合具体实际树立鸿鹄之志，坚定马克思主义信仰，为实现中华民族伟大复兴中国梦继续不懈努力。

新时代高校思想政治教育要时刻关注社会和谐发展，做好主流价值引领，将高校思想政治教育的内容和目标潜移默化地渗透到学生的思想和行为当中。例如，在开展教育实践过程中，通过各种渠道的广而告之，引导大学生清醒地认识到错误信息、负面信息的危害性，对错误信息和负面信息要保持高度的警惕。同时认真分析其为什么产生，以及如何去抵制各种错误、消极的价值观念等。坚持将社会主义核心价值观贯穿于教育教学和日常工作的全过程，引导大学生坚持集体主义价值观教育，认识到个体价值是集体价值和社会价值的基础；集体价值是个体价值和社会价值的中介；社会价值是集体价值和个体价值的综合，从而能够正确地处理国家、集体、个人三者之间的关系。

（三）个体价值

思想政治教育个体价值是指思想政治教育对个体发展的意义。其核心体现在对个人成长的一种推进，包括个人意识形态、政治观念、思维意识的健全和完善，促进个体综合向上发展，进而实现个体价值。延伸到高校思想政治教育的个体价值，即教育实践活动对学生群体发展的实效性和积极意义。其主要表现在个体不断向政治社会化倾斜，以满足大学生个体政治社会化需要；大学生个体精神需求的满足，自我认知和实践能力的逐步提升，逐渐实现个体全面发展。换言之，通过主旋律的教育实践活动，在此过程中让学生捕捉到正确的信息，将所包含的思想、道德、观念等内容转化为自身的某种心理结构，养成良好的行为习惯，与他人进行良好的交往，建构自己的精神领地，从而形成坚定的政治信念，逐步实现政治社会化。基于教育实践活动的内在作用，激发学生个体的精神动力、帮助学生个体树立坚定的理想信念和信仰使命，促进学生个体塑造健全的人格，引导政治方向进而保持正确的政治站位，调控学生个体行为，促进学生个体更好地适应社会，强化大学生对社会主义核心价值观的认同。

第三节　新时代高校思想政治教育对象的特点

我国目前处于新的历史方位，国内国际的形势也越来越复杂多变，这种"多变"不仅体现在物质生活中，也体现在各种思潮和观念相互碰撞当中。新时代高校思想政治教育对象是大学生，而影响大学生思想行为的因素也越来越庞杂，这使得新时代高校思想政治教育对象的特点呈现出前所未有的复杂性，这种复杂性让开展高校思想政治教育需要不断进行自我改革。因此，调查研究并准确把握当前思想政治教育对象的特点，对做好高校思想政治教育工作，促进学生的成长成才有着极其重要的意义。

一、新时代高校思想政治教育对象的思想特点

（一）政治意识强烈，但政治立场不坚定

青年学生既要有充足的前进马力，也要有坚定的前行之舵，要把好政治方向这个重中之重。一直以来，我国青年大学生在政治意识方面都具有突出的强烈性特点。在各个历史时期，青年大学生总是起着"排头兵"作用，为国家生存、发展、繁荣而不懈努力，尤其以"五四运动"为代表，这是中国青年知识分子作为先锋队为挽救民族危机而掀起的伟大革命运动，充分体现出中国青年学生强烈的爱国之情。他们不怕牺牲，勇于奋斗，甘愿为祖国奉献出自己的一切，甚至是自己的生命，奏响了一首跨越百年的爱国主义壮歌。社会主义建设时期，广大大学生牢记历史使命，将自己的一切都无怨无悔地捐献给了祖国，将勤奋所学化为国家强盛繁荣的力量，将个人的追求同祖国的繁荣昌盛联系起来，为社会主义建设贡献着自己的力量。自改革开放以来，国内国际的社会环境都发生了巨大的变化，但是大学生投身于改革开放实践，为实现中国从"站起来"到"富起来"而贡献青春力量的决心没有变。大学生能够将他们在大学里学到的文化知识和技能运用到国家建设中去，明确自己的个人发展和国家的前途命运有着不可分割的联系。一方面，广大学生通过自身的努力为实现社会主义现代化，建设现代化强国而不懈奋斗；另一方面，国家也成为广大学生施展才华、实现雄心抱负的坚强后盾和广阔平台，为其更好地发掘自己的潜能创造稳定、良好的环境和条件。

尽管新时代大学生在总体上具有强烈的政治意识，思想积极向上，但是在政治立场上仍然具有不坚定的问题。随着互联网的迅猛发展，新时代大学生作为互联网时代的"原住民"，对新媒体及互联网技术具有较强的把握和熟练运用的能力，他们拥有更多的机会和平台可以了解国内国外发生的大事，能接触到更多的

思想和信息。新时代大学生思维普遍比较活跃，能够快速了解时代的特点，把握时代的脉搏，具有较强的掌握和接受新事物的能力。大学生的思想特点必然带有时代的烙印，互联网的发展一方面给大学生了解信息提供了广泛的渠道，另一方面也让大学生接触到了良莠不齐、鱼龙混杂的非主流思想，这导致了部分学生受不良思想、落后思想及腐朽思想侵蚀，政治立场不坚定。高考结束以后，大学生不再像高中一样进行紧张的学习，拥有较为自由的时间和空间，再加上手机、平板、电脑等移动设备的配备，他们有时间、有精力也有条件去关心国家大事及时事政治热点。虽然步入大学的他们大部分已经成年，一定程度上拥有独立思考的能力，但是他们长期浸泡在互联网这个"是非之地"，容易受到不良思想和虚假信息的侵害和影响。同时，由于缺乏相关的理论知识和素养，对党的认识存在零散、片面、浅薄的情况，他们的政治态度容易受他人干扰和影响，从而导致政治立场不坚定。

（二）学习能力强，思想具有创造性

由于大学生在生理上已经趋于成熟，在思想上也发生了极大的变化，其思维能力、记忆力等方面都得到了迅速发展。这种在思维能力和智力上的迅速发展使大学生拥有强烈的好奇心，他们会在日常生活中观察各种各样的事物，在这种观察的过程中不断提升自己观察事物、分析事物、总结事物的能力。这种行为习惯使他们的学习能力增强，其思维也具有较强的创造性。他们富于想象力，往往敢于去想、去闯、去做，乐于、善于将思想付诸实践，从而实现思想上、行动上的创造。

青年大学生具有无与伦比的创造力。首先，大学生的身体素质强健，意志力坚强，为创新提供了坚实的基础。大学生精力旺盛，能够克服劳动所造成的体力、脑力、心力困难。其次，大学生思想活跃，富于批判精神，敢于质疑。他们能够跳出传统旧框架的束缚，用新的角度、新的思维去思考问题，并且他们还具有冒险和探索精神，敢想敢干，这对于创新来说是必不可少的条件。

（三）个性鲜明，以自我为中心

随着市场经济的确立和发展，人们在思想观念上也受到了物质生活的极大影响。首先伴随着社会主义市场经济公平、平等、竞争、开放等原则的确立，人们

的思想观念也逐渐改变,经济上的平等、开放等思想被运用到生活、工作和学习当中来,尤其是对正处于思想观念形成时期的大学生来说,这种影响更是广泛而深刻的。其次,随着实践活动范围的不断扩大,大学生能够利用多种渠道实现自己的目标,达成自己的梦想,他们的思想观念也逐渐开放。在生活方式上,他们力求能够区别于他人,希望自己能活出与其他人不一样的生活方式,张扬自己的个性,将生活中的一切都贴上属于自己的"标签"。在思想观念上,有自己独立的思考,不屈服于权威,敢于质疑,敢于提出自己的观点并坚持到底。

社会的进步以及思想的解放,加上不同文化对新时代大学生的思想意识产生了极其强烈的冲击碰撞,一方面促进了大学生鲜明个性的形成,另一方面也导致其价值观多元化,自我意识增强。在中国基本实现"富起来"的历程中逐渐成长起来的新时代大学生天生就具有较强的自信心和独立自主意识。他们能够在大学期间对自己未来的发展目标和方向进行规划和落实,自主选择参与什么样的活动,开展什么样的实践活动。但是在这种"自我中心"的价值观的影响下,很多学生过度以自我为中心,"唯我独尊"。

(四)逆反性思维强烈

大学时期,大学生的身心正处于发展的关键期,他们正逐渐走向成熟但又并未完全成熟,还不能理性地看待和处理问题,具有一定的逆反思维。首先,大学生的心理发展还不够成熟。这有主客观两方面的原因。一方面,从客观上看,随着社会的不断发展和科技的不断更新换代,大学生接触的新生事物层出不穷,这些新生事物涵盖生活、学习和工作甚至是思想方面的,对他们的生活方式、思想观念和学习方式等各方面产生了深刻影响,导致大学生心理上具有多变性、不稳定性等特点;另一方面,从主观上看,大学生尚处于思维模式的形成发展时期,并未形成固定的、系统的、全面的思维模式,思考问题往往具有片面性、浅薄性和随机性,不能对某一事物做出全面准确的价值判断;对思想观念的甄别和辨别能力较弱,难以去伪存真;容易受到各种思潮和社会思想观念的"摆布",具有摇摆性。其次,大学生的情绪丰富但也多变,具有丰富性、细腻性和波动性等特点。由于大学生活丰富多彩,让大学生除了学习以外有更丰富的体验,他们可以产生丰富的情绪体验。但同时,由于其情感的细腻性和脆弱性导致他们容易产生多变的情绪,情绪起伏不定,时而兴高采烈,时而跌落谷底。情绪的细腻性、丰富性及波动性等特点既是大学生特有的优点,也是他们的"软肋"。一方面,如果这些情绪能够得到正面的引导,将成为他们奋斗、努力达成目标的精神动力;另一方面,如果这些情绪没能得到正确的纾解和引导,也会成为他们发展路上的绊脚石。思想上的稚嫩,导致了他们容易产生逆反心理。

(五)价值观多元化

当前,我国正处于社会转型、经济转轨、观念转代的背景下,作为舶来品的西方多种社会思潮不同程度上影响着我国主流意识形态。意识形态关乎旗帜、关乎道路、关乎国家政治安全,对于意识形态的把控是政治问题的核心,是党的一项极为重要的工作。高等学校是马克思主义意识形态固本铸魂的前沿阵地,将高校思想政治理论课贯穿于高等教育的全过程,促使大学生能够认同主流意识形态、认同社会主义、认同中国特色社会主义道路,坚定"四个自信",做到"两个维护",形成正确的世界观、人生观和价值观,明确新时代青年的历史使命和时代责任并为之而不懈奋斗。

(六)心理问题突出,抗压能力不足

当前,我国正处于思想大解放、观念大碰撞时期,各种社会思想并存,人们的思想意识尤其是处于成长中的青少年的思想意识容易受到各种社会思想的浸润和影响。大学生的心理健康问题是高校思想政治教育工作中的重要一环。随着信息时代的迅速发展,万事万物都在追求"快",但思想的形成和塑造是一个较为缓慢的过程。因此,高校容易忽视对大学生的心理素质培养,很大程度上导致学生"身"与"心"的分离,心理承受能力较弱,抗压能力不足。在步入大学校园之前,大部分学生都有家人的悉心照顾,只管用心学习便可,但是大学生活并不只是对知识的学习,还有社会实践、人际交往、生活技能等方方面面,就像一个"小社会"。大学生就是在大学这个"小社会"当中独当一面的"小大人",必须自己承担起很多的任务和责任。同时,随着社会的发展,大学生面临的压力也日益增加,因此当在生活中遇到一些问题时,如果不能做好自身的心理调节,他们往往会产生较为强烈的不适应感。

这种因心理调节不当而产生的不适应感，常常不是一触即发的，而是日积月累的。由于学业、人际交往、就业、家庭等种种因素的影响，大学生容易产生"学习焦虑""恋爱焦虑""就业焦虑""金钱焦虑"等种种焦虑。步入大学的学生还欠缺一定的独立处理事情的能力以及解决问题的经验等，在面对这些焦虑时一方面缺乏能力和经验，另一方面缺乏强大的心理素质，容易造成一些难以挽回的后果。这就要求思想政治教育者要做到"常把脉搏、常用心药、防止思想感冒"，防微杜渐，将学生的心理问题解决在萌芽阶段，助力学生身心健康地成长。

二、新时代高校思想政治教育对象的行为特点

（一）学习行为特点

在学习过程或学习活动中，人们通过调动各种感知觉器官感知外界传输的信息，然后在大脑中对这些信息进行加工处理，将其变成自身的知识，并用于指导自身的实践活动。人在不同阶段学习行为特点也不尽相同，同一阶段的人在不同时期的学习行为特点也各有其特点，新时代大学生的学习行为也有其特殊性。一般来说，大学生的学习行为具有以下几个特点。

首先，大学生的学习行为具有专业性。目前，各个高校制订的人才培养方案中所设定的人才培养目标和毕业要求等都与该生的专业息息相关，课程设置和课程安排以及课后作业等也都紧紧围绕专业课程，致力于把大学生培养为"深精尖"的高质量专业人才。其次，大学生学习行为具有开放性。一方面，大学生获得知识的渠道和途径十分多样，如教师讲授、学术讲座、学术会议、基层调研以及网络搜集等。另一方面，中国特色社会主义进入新时代，对学生的学习也提出了更高的要求，除了牢牢掌握专业知识，还要对其他门类的知识有一定程度的涉猎，全面发展，一专多能，才能担当民族复兴大任。又次，大学生学习行为具有互促性。互促性指的就是大学生之间能够自主组成相应的学习小组，互相帮扶、互相激励地开展学习。当前，大学生普遍乐于利用课内外的机会进行学习交流、合作，共同研讨学习问题。再次，大学生学习行为具有创造性。新时代大学生是具有创造力和想象力的一代，他们思维灵活、观点鲜明、动手能力强，善于运用他们天马行空的想象力和极具个性的思想创造出新鲜事物。最后，大学生的学习行为具

有自主性。大学不同于高中，大学是一个为学生提供自主发展平台，助力学生激发潜能、绽放自己的地方，需要学生充分发挥自身的主观能动性。由于大学的课程安排给学生预留了很多自学的空间，学生需要自己利用这些时间和空间开展学习，同时，他们也有能力在自己的学习活动中承担好自己的角色。

新时代思想政治教育工作者必须深刻把握教育对象的学习行为特点，尊重其形成发展规律，因势利导，对教育对象的学习行为进行引导和教育，让学生形成良好的学习习惯。

（二）社会实践行为特点

除了理论知识的学习，大学生还必须进行社会实践，将理论运用到实践当中，实现"知行合一"，增强理论的实际运用能力，避免理论与实践脱节而产生的"两张皮"现象。在社会实践过程中，大学生的行为也具有一些特点。首先，大学生的社会实践行为具有突出的实践性。大学生主要通过到偏远地区支教、进行基层调研、开展理论宣讲等形式开展社会实践活动，这些活动一方面对当地缺人才、缺知识等问题提供了一定程度上的帮助，为当地人民谋福利，另一方面，也有利于提升大学生的知识、意志、情感、能力等。在社会实践中，大学生能了解、体验民情，并在这个过程中反省、感悟，提升自身的思想境界，从而自觉抵制各种腐朽思想的侵蚀。其次，大学生开展社会实践活动还具有专业性。在开展社会实践的过程中，大学生不仅是服务和帮助当地人民，同时，他们也能够在这一过程中发现自身的优点和不足，在以后的工作和学习中不断发扬自身优点，克服自身不足，进一步学习以不断提升自己。再次，大学生开展社会实践活动具有创新性。面临社会实践过程中出现的种种问题和困难，大学生必须灵活运用所学知识和技能才能处理出现的这些情况，这有利于锻炼其团结协作和开拓创新的能力。

（三）网络行为特点

网络是新时代大学生不可回避的话题，甚至已经成为他们新的生活圈子，他们在"两个世界"里生活，一个是现实世界，一个是网络世界。互联网的兴起和发展给大学生的方方面面都带来了极其深刻的影响，如生活方式、思维方式、学习方式、工作方式、人际交往等等。互联网是一把双刃剑，它本身不具备好或是坏的性质，主要是看运用它的人是否运用得当。将其运用在积极向上的方面，则会事半功倍，助力大学生的学习和成长；反之，将其用在消极落后的方面，则会事倍功半甚至一无所成。例如，不少大学生在大学阶段沉迷于网络游戏、电视剧、小视频、动漫等娱乐性内容上，这大大耽误了大学生的学习和成长。因此，大学生的网络行为特点主要有以下两个方面。

首先，求知性。当代的青年大学生是伴随着互联网的兴起而逐渐成长的一代，他们从出生起就有机会通过各种途径接触到互联网，随着年龄的增长，他们对互联网的了解日益增多，对其运用也十分熟练。互联网为大学生获取丰富的信息和知识提供了广阔的空间，大学生也正处于求知欲较强的智力增长期，这在一定程度上激发了他们的求知欲。互联网上面的信息具有即时性、海量性、开放性等特点，这为大学生搜集各种信息和资料提供了优良的客观条件。一是互联网信息的即时性，随着互联网技术的迅速发展，各种移动终端也得到了普及，大学生们人手一个手机，他们随时都可以在手机上查阅自己需要的资料和信息。二是互联网信息的海量性，由于所有互联网使用者都可以在网络上传各种内容，各种媒体和平台运营者及网民个人等也会通过各种平台发布信息，因此互联网上面的信息十分丰富，相较于以往需要通过图书、期刊、报纸等传统方式获取信息而言，现在学生们可以通过更便捷的查阅方式获取更多的信息和资料，这也在一定程度上节省了获取信息的时间，让学生能够在相同的时间里学到更多更丰富的知识。同时，互联网上也有很多书本上、课堂上未涉及的内容和知识，或是一些难以理解的部分，这些都可以通过互联网查找资料，弥补知识空白，满足学生的求知欲。

其次，娱乐性。互联网就其本质而言只是人们进行工作、学习、娱乐等活动的工具，其本身并不具有好坏性质，但是正如上文所述，如果大学生能够将互联网当作激发和满足自己求知欲的工具，那么它就会促进学生的成长成才，反之，如果只是将互联网作为一种娱乐消遣的工具，那么反而会让大学生迷失在网络当中，耽误自己的青春年华。改革开放以来，我国的物质生活条件得到了迅速的发展和丰富，尤其是当代大学生成长起来的时期，物质生活条件都得到了一定程度的保障，因此他们会更加重视精神层面的追求。互联网的娱乐性功能十分强大，各种影视、游戏、动漫、小说等层出不穷，网络上满满都是"诱惑"。部分学生在进入大学之后，由于各种原因，逐渐迷失在网络当中，出现了"网瘾少年""刷剧少女"等新名词。但是在网络上获得的成就感和建立的人际交往关系终归还是虚拟的，大学生必须在真实世界中去追求自己的人生价值，去建立自己的人际交往圈，不虚度光阴，让自己的大学生活有意义地度过。

（四）消费行为特点

各个阶段、不同职业、不同范围的人都有其消费行为特点，大学生也不例外，其消费行为也有特殊之处。因为大学生仍然处于学习阶段，经济尚未独立，主要依靠家庭支持、政策帮扶、社会捐助或是勤工俭学等方式获取经济来源。他们的消费行为主要具有以下几个特点。

第一，超前消费行为。超前消费是将未来的消费能力用于支付当前的消费。这主要是由于当代大学生的购买能力同他们的消费欲望之间存在一定差距。一方面，当代大学生的主要经济来源还是家庭、学校以及社会和政府的支持，包括父母给的生活费、学校的奖助学金补贴、勤工助学、社会资助以及国家政策等，这就在一定程度上决定了大学生自身的购买力具有依赖性而不具有独立性。但同时，当代大学生面对琳琅满目的商品的消费欲望强烈，再加上当前有许多借贷平台以及分期付款等方式，吸引着大学生进行超前消费。但是，这种超前消费的行为容易让一些不法分子利用校园贷、裸贷等借贷方式诱使大学生陷入借贷的"沼泽"，大学生不能为了所谓的"面子问题"或者为了贪图当前的享受进行不理性的过度超前消费。

第二，盲目消费行为。由于各种网络消费平台的产生和兴起，人们购买商品的方式发生了深刻的改变，几乎实现了不出门就可以买到任何我们想要的商品。网购也成了新时代大学生的"宠儿"，面对着网络消费平台上面打着各种广告、各种宣传的丰富多彩的商品，学生们很容易受到各种各样的诱惑。再加上"双十一""双十二"这样的购物节此起彼伏，商家们会抓住一切能够促进商品销售的时机开展各种各样的打折活动和促销活动等，而大学生当前对自己的消费水平和消费目的都不甚明确，经不起商家的鼓吹，很容易进行冲动消费、盲目消费，买回来又会发现这对自己来说并没有很大的用处。但下一次，他们可能依然会继续进行盲目消费，每一次都断言再买就"剁手"，但商家为销售商品所付出的努力远远超过他们控制自己消费的意志力，只有从思想上实现根本性的转变，树立正确的消费观，才能彻底结束这种"恶性循环"。

第三，攀比消费行为。攀比消费指的是脱离自己实际消费水平因攀比心理作祟而进行的消费行为。这种消费行为或许不在于消费者自己喜欢或是需要该商品或服务，而是一种"不想输给别人"和所谓的"面子问题"的心理在作祟。当前，部分大学生为了满足自己的虚荣心，通过各种方式借贷或是向父母伸手去购买一些自己可能并不需要或是没必要那么贵的东西，如衣服、鞋子、包包和一些电子产品等等。这种攀比消费的行为是脱离自身经济实际的不良消费行为。

第二章 新时代高校思想政治教育的内容与路径

本章的主要内容为新时代高校思想政治教育的内容与路径,共分为两节,第一节主要介绍了新时代高校思想政治教育的内容,第二节主要介绍了新时代高校思想政治教育的路径。

第一节 新时代高校思想政治教育的内容

一、社会主义核心价值观教育

(一)新时代大学生社会主义核心价值观教育内涵及特征

1. 新时代大学生社会主义核心价值观教育的时代内涵

中共中央办公厅印发的《关于培养和践行社会主义核心价值观的意见》指出:"富强、民主、文明、和谐是国家层面的价值目标,自由、平等、公正、法治是社会层面的价值取向,爱国、敬业、诚信、友善是公民个人层面的价值准则,是社会主义核心价值观的基本内容。"[1] 西方文化随着经济全球化的发展而广泛传播,对我国人民尤其是青少年的价值观造成了很大的影响,而思维活跃、易于接受新鲜事物的大学生更是深受其影响,他们的思想、行为、心理都发生了变化。因此新的时代内涵应当在教育中完全融入国家、社会和个人三个层面的价值追求,以坚定信仰为核心,忠于理想为目标,爱国创新为主题,知荣明耻为体现。将大学

---

[1] 张军成. 价值观的力量——大学生社会主义核心价值观教育研究[M]. 北京:光明日报出版社,2016.

生的思想和人生发展引导到正确的道路和方向上，让大学生能够肩负起历史赋予的时代重任。

2. 新时代大学生社会主义核心价值观教育的特征

（1）新时代大学生社会主义核心价值观具有系统性

社会主义核心价值观教育是一个潜移默化、持续发展的系统学习过程，通过整合中国特色社会主义的基本理论、思想观念和价值取向，以大学生思想和行动为切入点，坚定理想信念，坚持用习近平新时代中国特色社会主义思想武装头脑；指导大学生准确把握理论内涵、精神实质和实践要求，把实现个人理想融入国家富强、民族振兴、人民幸福的伟大梦想之中。

（2）新时代大学生社会主义核心价值观具有时代性

社会主义核心价值观是中国共产党在新时代结合新的理论现实所提出的，具有鲜明的时代性特征。随着时代的发展，它的理论内容和思想形式也不断充实与完善，且在多元价值环境中具有强烈的包容性，包容、平等、尊重地对待各种价值观的存在。因此，根据当今时代多元化发展的实际情况，新时代大学生的社会主义核心价值观念教育也要相应发生变化。顺应时代发展和大学生自身发展的需求，坚持以人为本，贴近大学生，让大学生掌握先进正确的理论知识来武装思想道德，从而更好地推进社会主义现代化建设。

（3）新时代大学生社会主义核心价值观具有科学性

受社会文化日益多元、大学生价值观趋于多样的影响，新时代大学生的社会主义核心价值观教育，应当根据大学生价值取向趋于多元的特点，用大学生喜欢的新媒体方式，引导大学生正确认识价值取向一元和多元的辩证关系；根据大学生价值追求日趋功利的特点，通过理想信念教育，引导大学生正确处理物质追求与精神提升的关系；根据大学生价值选择较为矛盾的特点，教育内容要与社会生活紧密结合，同时对一些错误观点和言论，要旗帜鲜明地进行辨析和批驳，提高大学生是非分辨的能力。

（二）新时代大学生社会主义核心价值观教育的重要意义

1. 是推动社会主义建设的精神动力

目前，我国的经济发展进入关键期，经济转型迫在眉睫，这时涌现出很多社会问题和经济问题，严重影响了社会和谐稳定发展。因此，加强新时代大学生社会主义核心价值观教育,就是要使大学生正确认识到现阶段社会的价值目标、价值取向和道德准则,并转化为自身的价值追求和实践,以提高大学生的凝聚力和精气神,为国家富强和中国特色社会主义现代化建设提供强大的精神动力。

2. 是实现中国梦的必然选择

习近平总书记提出的"中国梦"是几代中国人的共同心愿,是全国各族人民的利益要求和共同期盼。作为国家希望、民族未来的大学生只有将个人梦想融入"中国梦",才能实现自我价值和追求,所以"中国梦"也是新时代大学生的成才之梦。对大学生进行社会主义核心价值观教育,才能激励大学生承担起建设祖国、发展经济的使命,充分发挥出大学生的力量,积极为社会作出更大贡献。

3. 是大学生成长成才的内在需求

新时代大学生的社会主义核心价值观教育,就是要引导大学生树立"富强、民主、文明、和谐"的价值观,树立新时代大学生应有的时代使命;引导大学生形成"自由、平等、公正、法治"的社会价值共识,促进大学生引领社会和谐发展;促使大学生践行"爱国、敬业、诚信、友善"的价值追求,培养新时代大学生良好的精神风尚。大学生应当树立正确的人生观、价值观和社会观,为实现中国特色社会主义现代化建设和中华民族伟大复兴而团结奋斗。

(三)加强新时代大学生社会主义核心价值观教育的途径

1. 丰富核心价值观教育的内容

国内外多元文化的融合与交锋在网络的飞速发展下越来越频繁,而不断涌现的反马克思主义错误观点干扰了中国主流文化和意识形态的发展,容易使大学生对马克思主义产生误解。因此要引导大学生正确了解和解读历史,激发大学生的民族复兴热情;坚持用马克思理论分析和解决现实问题,用马列主义武装思想,用习近平新时代中国特色社会主义思想指导学习和生活,大学生才能自觉抵制不良诱惑。

2. 强化高校文化建设

将社会主义核心价值观教育与大学生思政教育充分融合的前提是对校园文化建设的不断强化,高校要对自身的学风和校风进行积极的建设,倡导文明和谐的校风,使大学生能够将友善、诚信作为行为准则;还需要对各种基础设施建设进行完善,为大学生的生活和学习营造良好环境,为大学生打造和谐校园,从而为实现社会主义核心价值观教育奠定良好的软硬件基础。此外，互联网及智能技术的广泛应用，对大学生的生活和学习产生了深远影响，同时也对他们的价值判断以及思想观念造成了深远影响，因此，高校还应该净化校园舆论环境，充分运用各种校内信息传播载体，为大学生社会主义核心价值观教育创造一个理想的舆论环境。

3. 丰富社会实践活动

实践是检验真理的唯一标准，因此将社会主义核心价值观有效地融入高校的思政教育，就离不开大量课外实践活动的开展。目前，大学生的社会实践以社会调研、实地参观、志愿服务为主，缺少了与大学生专业对口的实践机会，从而导致了实践活动流于形式。只有通过丰富的社会实践活动内容和形式，积极引导学生深入解读和践行社会主义核心价值观，大力宣讲核心价值观的内容，才能让大学生在实践中多角度去观察世界，了解社会民情，学习党和国家方针政策，提高大学生为国家社会发展贡献自身力量的积极性。

二、爱国主义教育

（一）新时代大学生爱国主义教育内涵及特征

1. 新时代大学生爱国主义教育的时代内涵

在不同的历史时期和社会发展阶段，爱国主义展示出不同的时代特征与具体内容。只有紧握时代脉搏、展现时代特色，爱国主义才会鲜活而富有生命力。习近平总书记指出："实现中华民族伟大复兴的中国梦，是当代中国爱国主义的鲜明主题。"[1]即在中国共产党领导下走中国特色社会主义道路，实现中华民族伟大复兴，就是爱国主义教育最深刻的时代内涵和最本质的时代要求。

2. 新时代大学生爱国主义教育的特征

（1）新时代大学生爱国主义教育具有鲜明的政治性

习近平总书记在中共中央政治局第二十九次集体学习时强调："实现中华民族伟大复兴的中国梦，是当代中国爱国主义的鲜明主题。要大力弘扬伟大爱国主义精神，大力弘扬以改革创新为核心的时代精神，为实现中华民族伟大复兴的中国

---

[1] 王思萧. 新时代加强高校爱国主义教育的必要性研究[J]. 大众文艺，2019（03）：2.

梦提供共同精神支柱和强大精神动力。"① 所以大学生爱国主义教育也体现出鲜明的政治性。具体而言，爱国、爱党、爱社会主义对于当代大学生是统一的。加强大学生的爱国主义教育，就是要向大学生阐明中国特色社会主义的优越性，使其深刻认识到在中国共产党领导下走社会主义道路是历史的正确选择、人民的正确选择。

（2）新时代大学生爱国主义教育具有明确的指向性

新时代大学生爱国主义教育以培养大学生具体的爱国行为为主，具有明确的指向性。第一，个人利益服从国家利益。始终把国家利益放在第一位是对每位大学生的必然要求。第二，报效祖国，服务人民。要求大学生努力学习，积极实践，自觉承担起建设祖国、振兴中华的历史重任。第三，维护民族团结，促进国家统一。就是要求大学生把爱国主义精神具体化，旗帜鲜明地对分裂国家、破坏民族团结的言行进行驳斥，将民族自尊心、自信心、自豪感具体化为捍卫国家主权、维护国家安全的行为和稳定的人格。

（3）新时代大学生爱国主义教育具有强大的动力性

习近平总书记在中共中央政治局第二十九次集体学习时指出："要大力弘扬伟大爱国主义精神，大力弘扬以改革创新为核心的时代精神，为实现中华民族伟大复兴的中国梦提供共同精神支柱和强大精神动力。"② 在实现中华民族伟大复兴的奋斗过程中，我们必将遇到各种艰难险阻，因此大学生一定要弘扬爱国主义民族精神，充分调动和激发积极性，将国家富强、民族振兴、人民幸福作为自己的不懈追求。

（二）新时代大学生爱国主义教育的重要意义

1. 适应国内外形势发展的现实需要

在经济全球化、科技飞速进步、世界利益分配正发生新变化的时代背景下，作为先进文化塑造者和先进思想代表者的大学生，面对如此错综复杂的国内外形势，必须用爱国主义精神来激发自身努力学习科学文化知识、攻坚克难、积极参

---

① 宇文周. 凝聚奋进新时代、实现民族复兴的磅礴伟力——学习习近平总书记关于新时代爱国主义教育的重要论述[J]. 新湘评论，2020（10）：12-14.
② 王思萧. 新时代加强高校爱国主义教育的必要性研究[J]. 大众文艺，2019（03）：189-190.

与现代化建设的热忱，自觉树立维护国家统一、社会稳定和谐发展的爱国主义意识。

2. 建设中国特色社会主义的人才需要

面对严峻的挑战和潜在的威胁，唯一的出路就是尽快把我国建设成为富强、民主、文明、和谐、美丽的社会主义现代化强国，大学生是潜在的人才资源。必须加强对大学生的爱国主义教育，筑牢捍卫中华民族文化主权、维护祖国利益的精神防线，增强大学生的民族自豪感，激发其爱国之志，为中国特色社会主义建设事业奋斗终生。

3. 满足大学生成长成才的内在需求

大学生的成长成才与国家和民族的命运紧密相连，只有当个人追求与社会和人民的需要相统一的时候才会实现自己的人生价值。当今社会，国内外多元文化影响着大学生的价值观形成，我们必须依靠爱国主义教育为其成长提供正确的价值观，树立牢固的报国之志，使其深刻认识到自身发展的使命感和责任感，努力使自己成才，把自身成长与祖国繁荣富强相结合，争取早日实现社会主义现代化。

（三）新时代大学生爱国主义教育的现状

1. 情感强烈但缺乏理性克制

大学生通过对中国共产党的历史、国家的发展战略方针、社会总体情况的学习形成了强烈的爱国情感。他们胸怀壮志，渴望为国家和民族贡献力量，对损害国家利益、威胁国家安全的行为深恶痛绝。但由于大学生群体涉世未深，"三观"正在建立和完善，容易受到社会及网络上的一些错误观点和思想的影响，对一些表意不明的言论存在疑惑和摇摆，对庞杂的信息不能正确辨别，加之青年人冲动易怒的特点，他们容易缺乏理性分析。

2. 思想明确但缺乏自信表达

大学生通过深入学习和领悟习近平新时代中国特色社会主义思想，树立了强烈的道路自信、理论自信、制度自信和文化自信。中国随着改革开放的不断发展，经济实力和国际地位不断提升，在国际事务中也发挥着不可或缺的重要作用。但很多大学生仍觉得我国的发展与西方发达国家存在很大差距，尽管中国在国际事务上取得了骄人的成就，但有些大学生也不敢自信表达，甚至可能对当下的发展状况和国家的未来发展持消极态度。

3. 情怀深厚但缺乏实践动力

新时代的大学生综合素质较强，理论知识丰富，通过对我国悠久而灿烂的历史、中国共产党波澜壮阔的发展史不断学习，积淀了深厚的爱国情怀，对爱国主义更加认同。但部分大学生不能够将爱国热情内化于心、外化于行，对于爱国主义教育的实践动力不足，大多是参加一些浮于表面的党团活动。

（四）新时代加强大学生爱国主义教育的途径

当前高校爱国主义教育的途径以思政课堂和党团日活动为主，这两种传统的教育途径随着外部教育环境的改变暴露出了不同程度的局限性。从社会发展变化的客观实际出发，通过理论内容、实践载体以及教育氛围等维度拓展大学生爱国主义教育途径，是新时代背景下加强大学生爱国主义教育的必然选择。

1. 不断更新理论内容

高校思政课程是对大学生进行爱国主义教育的主要阵地。在传统的教育模式下，思政教育贯穿整个学习生涯，大学生对枯燥的理论失去了兴趣。新时代的大学生爱国主义教育，应当对课程内容和设计有所变革，在立足于中华民族历史和文化的同时面向世界，将中国特色社会主义理论融入世情、国情、党情中，结合社会热点及重大突发事件，充分了解全球化竞争形势，激发大学生的民族认同感。面对复杂的国际政治形势，思政理论课更应当结合国内外最新形势和大学生思想动态变化，使大学生在深入理解我国国情的基础上，放眼世界，关注世界局势和走向，认识我国当前面临的机遇与挑战。大学生需要有大局观和整体观，明辨是非，在复杂的世界环境和局势中有自己独立的思考和见解，有正确的荣辱观，理性爱国。

2. 不断创新教育方法

目前我国的思想政治理论课内容偏理论，老师很难将学理语言转化为通俗易懂的教学语言，且受到新媒体飞速发展的影响，传统课堂教学更是缺乏吸引力，教学效果欠佳，所以大学生对课堂上的爱国主义相关知识的接收较少。想让爱国主义教育真正渗透到大学生的内心，并在潜移默化中践行爱国主义，就应当结合时代特色和新科技，采取贯通线上和线下的互动模式，通过微信、微博、"学习强国"等媒体，推送或发布增强爱国主义情感、弘扬爱国主义精神的内容，提高大学生的参与兴趣，增强大学生的参与热情，调动大学生的积极主动性。还可以通过哔哩哔哩、快手等短视频软件，发布富有爱国教育意义的短片，吸引大学生自发地观看、传播和学习，以创新的教育方法促使大学生自觉自愿地接受爱国主义教育。

3. 不断丰富实践活动

我国大学生爱国主义教育始终秉承"实践育人"的教育理念，引领大学生将爱国思想转化为爱国行为，让大学生的爱国之情在内容丰富、形式多样的实践中得到培养，引导他们在创造社会价值的同时充分实现个人价值。

各高校以丰富多彩的校园活动为依托，通过基层党团支部的主题党团日活动、名师讲座、文艺展演、演讲辩论、书画比赛等形式加强爱国主义的仪式教育。同时还积极组织大学生走出校园，走进社会，广泛开展暑期"三下乡"、社会情况调查、社区志愿者服务、科普宣讲等社会实践活动，并充分利用博物馆、革命遗址、纪念馆、名人故居、国家重大工程建设等爱国主义教育阵地，对爱国主义精神进行生动的弘扬，不仅仅在学习过程中，还要在生活实践中，感受和学习英烈前辈的爱国主义精神和革命牺牲精神，在学、思、践、悟中感受到自己的历史使命与责任担当。

三、"四史教育"

（一）新时代大学生"四史教育"内涵及特征

1. 新时代大学生"四史教育"的内涵

习近平总书记讲："希望广大党员特别是青年党员认真学习马克思主义理论，结合学习党史、中华人民共和国史、改革开放史、社会主义发展史，在学思践悟中坚定理想信念，在奋发有为中践行初心使命，努力为实现'两个一百年'奋斗目标、实现中华民族伟大复兴的中国梦贡献智慧和力量。"[1]在建党百年之际，新时代大学生"四史"教育的工作重点就是要通过高校开展多种形式的教育教学活动，让大学生深刻认识到中国共产党带领中华民族为实现伟大梦想而奋斗的历史进程，让青年学生在学习"四史"中进一步坚定"四个自信"，自觉做到"两个维护"，在为党和祖国奋斗的青春中传承"四史"精神。

---

[1] 王书丽. "中国梦"视域下优化高职思政课课程体系的探索与实践[J]. 安徽职业技术学院学报, 2020 (03)：85-88.

2. 新时代大学生"四史教育"的特征

（1）新时代大学生"四史教育"具有政治性

"四史"教育是对中国共产党带领中华民族抵御外敌、争取独立、建设祖国、走向中华民族伟大复兴的历史反映，是对中国共产党的政治奋斗历程、中华民族政治选择历程的准确总结，具有极强的政治性特征。大学生"四史"教育是以历史为基础的政治教育，要求引导广大青年弄清楚中国共产党为什么"能"、马克思主义为什么"行"、中国特色社会主义为什么"好"。[1]所以从讲政治的高度上出发，就必然要求高校一定要高标准、高质量地开展大学生"四史"教育。

（2）新时代大学生"四史教育"具有时代性

大学生"四史教育"以历史为主要的教育内容，但初衷是为了使大学生了解中国共产党及中国的奋斗与发展历史，形成正确的历史观，自觉为实现中华民族伟大复兴而团结奋斗，具有较强的时代性特征。正如习近平总书记所说的"一代青年有一代青年的历史机遇"，新时代大学生为实现中华民族伟大复兴的这一光荣使命，必须与我国的发展目标及方向相统一，同时与我国社会实际紧密相连。

（3）新时代大学生"四史教育"具有实践性

大学生"四史"教育是中国共产党为人民谋幸福、为国家谋富强、为世界谋大同的生动实践，具有鲜明的实践性特征，这也决定了大学生"四史"教育以实践为主，用马克思主义的思想观点和方法引导大学生去发现和解决实际问题。习近平总书记也明确讲到："加强党史、新中国史、改革开放史、社会主义发展史学习，自觉做中国特色社会主义的坚定信仰者、忠实实践者。要发扬优良传统，承担历史使命，把党和国家确定的奋斗目标作为自己的人生目标，以民族复兴为己任，自觉把人生理想、家庭幸福融入国家富强、民族复兴的伟业之中，做新时代的追梦人。"[2]

（二）新时代大学生"四史教育"的重要意义

1. 是实现中华民族伟大复兴的力量源泉

中国共产党应认清中国国情，选择适合中国发展的正确道路、带领全体中国人民英勇奋战、开创中国特色社会主义事业的艰难历程，而这最终将在新时代大

---

[1] 燕齐. 新时代大学生"四史"教育的主要内涵研究[J]. 西部学刊，2021（06）：97-99.
[2] 习近平. 学史明理学史增信学史崇德学史力行[N]. 中国新闻，2021-07-05（02）.

学生的"四史教育"中得到全面的记录，通过对其深入学习和感悟，大学生能够在学、思、践、悟中更加坚定理想信念，厚植爱国主义情怀，成为有理想、有本领、有担当的时代新人。

2. 是高校落实立德树人任务的内在要求

习近平总书记指出："新时代新形势，改革开放和社会主义现代化建设、促进人的全面发展和社会全面进步对教育和学习提出了新的更高的要求"[①]，"坚持把立德树人作为根本任务"[②]。受国内外新的发展格局交互影响，社会各种不良思潮不断渗透大学生的思想，高校教育必须扎实推进新时代大学生"四史教育"，让大学生深刻认识到国家建设的艰难、社会主义探索的曲折，引导学生树立正确的思想价值观念，激发大学生对党和国家以及社会主义制度的热情，有效抵御负面信息的冲击，这是高校落实立德树人的内在要求。

3. 是引导大学生树立正确历史观的迫切需求

习近平总书记指出："历史虚无主义以所谓重新评价为名，歪曲近现代中国革命历史、党的历史和新中国历史。"[③] 所以我们要通过大学生"四史"教育，引导大学生正确认识近代中国历史发展的规律，感悟中国共产党的卓越成就，从而肃清历史虚无主义的流毒，树立正确的历史观。

（三）新时代大学生"四史教育"的现状

1. 思政队伍业务水平有待提高

高校要想使"四史教育"取得实效性，让大学生真正做到融会贯通，必须要求思政课专任老师、党政管理干部及辅导员在内的思政队伍一起为之努力，并在其中发挥主导引领的作用。在新冠肺炎疫情影响下，高校思政课教师的工作变得更加复杂，而部分思政课老师的"四史"知识储备和历史素养不足，照本宣科的教学无法让大学生树立正确的历史观，也难以引导其从辩证的历史角度分析严峻的国内外形势和复杂多变的社会思潮。部分党政管理干部对自身行政管理水平的

---

① 习近平在全国教育大会上强调：坚持中国特色社会主义教育发展道路培养德智体美劳全面发展的社会主义建设者和接班人［N］. 人民日报，2018-09-11（01）.
② 邢建华. 新时代高校"形势与政策"课教学创新的思考［J］. 武夷学院学报，201938（05）：99-104.
③ 王革. 新时期高校思想政治理论教育教学与研究［M］. 咸阳：西北农林科技大学出版社，2008.

提升十分看重，但对思政理论素质培养不够，与大学生沟通的机会也较少。而辅导员更多地应对日常学生事务性工作，没有充足的时间提高思想政治教育理论水平，难以对旧的理论知识进行完善和提升。思政教育队伍的专业素质参差不齐，也是大学生思政教育工作难以深层次开展的影响因素之一。

2. 思政授课模式单一

教师在讲台授课、学生在台下被动学习的填鸭式教学是当前高校的思政教育的主要方式，在大学生"四史"教育中虽起到了一定的作用。但在网络技术不断发展和学生个性化需求不断提高的时代背景下，这种枯燥的理论知识讲解模式显得单一，让新时代大学生缺乏学习热情，会对"四史"学习反感甚至厌恶。所以对于大学生"四史"的学习，不能只简单停留在重难点知识点的记忆上，还应当突破"识记"的层面达到"理解"并"运用"。要在抽象化的"四史"教育中增加实践机会，在具体的事务和行动中更好地去领悟中国共产党为什么"行"，社会主义为什么"好"，发自内心地认同社会主义制度，为社会主义建设和中华民族伟大复兴奉献出自己的一份力量。

3. 大学生重视程度不够

思维活跃是处于思想成熟关键阶段的新时代大学生的显著特征，较于传统的课堂教学，他们更喜欢通过微信、微博等互联网信息传播平台便捷地了解和获取信息。但是，需要注意的是，大学生的学习观念在传统的课堂教学中存在一定的功利性，对与专业相关性小、对期末考核影响较小的课程他们选择少学甚至不学，因此在学习思政理论时缺乏积极性，他们认为只需要提高政治认识，但往往认不清其中蕴含的真理理论，常常采取开小差或逃课的消极态度对待，甚至出现得过且过的错误想法，从而导致大学生对"四史教育"的内容了解不够清楚，其思想政治理论的认同意识和重视意识亟待进一步提高。

（四）增强新时代大学生"四史教育"的途径

1. 提高教师队伍业务素质

习近平总书记指出："办好思想政治理论课关键在教师，关键在发挥教师的积极性、主动性和创造性。"[1] 因此，作为大学生思政工作的引导者和榜样，高校思

---

① 王炳林. 办好思想政治理论课关键在教师［N］. 中国教育报，2019-03-26（01）.

政教师队伍必须提高业务素质，才能最大化发挥"四史教育"的作用。一方面，教师应当自觉学习"四史"，将历史与学校的校史相结合，与大学生的知识储备相联系，学懂、弄通、悟透"四史"，让大学生真正信服于中国特色社会主义并真正认同改革开放的伟大历史成就。另一方面，传统的教育资源已不能满足大学生对思政学习的需求，所以还要求思政教师把握大学生的个性特点，及时更新教学观念和教育内容，不断激发创造力和主观能动性，为"四史教育"提供坚实的保障。

2. 创新思政课堂教学

"四史教育"以历史事件和抽象的理论为主，比较枯燥乏味，难以提高大学生学习热情，急需创新教育内容和形式。内容上，可以在整合学校现有资源的基础上充分考虑大学生实际诉求，整理课本上没有出现的历史事例，将学校的发展史与中华人民共和国的成长史相结合，从校歌和校史故事中深挖红色元素，把爱国、兴党、荣校作为立德树人的重点。在形式上，大学生思想活跃，喜于接受新鲜事物，可以将"四史"教育与大学生喜欢的新媒体相结合，给大学生以全新便捷的教学体验。例如，建立VR体验式教学中心和智慧课堂，利用好红色电影、歌曲、艺术展览、经典书籍等艺术表现形式，同时借助腾讯会议、微信、"学习强国"、慕课、视频直播等平台开展在线"四史"教学，通过线上线下多种形式让大学生随时学随地学。

3. 丰富实践教学活动

实践教学是大学生课堂教育的补充和印证，将"四史"教育融入实践也是必然选择。在校内，通过团委、学生组织和学生社团积极开展与"四史"相关的微课堂比赛、征文演讲比赛、主题研讨培训等活动，充分利用班团会、党课的优势，从思想上引导和加深大学生对"四史"学习的重视。同时重视大学生校歌、校史学习，汲取校史资源中的红色元素，拓展"四史"教育的深度和广度，让大学生在情境中增强学习体验和感悟。在校外，组织大学生走访各类纪念馆、革命遗址、烈士陵园等红色文化基地，感受鲜活的历史人物和生动的历史故事；组织大学生参与环境保护、扶贫调查、政策解读、为空巢老人和留守儿童提供爱心服务等活动，增强大学生对社会的认识和奉献精神；充分发挥专业优势，组织大学生"三下乡"、国情调研、理论政策宣讲等活动，深入社会、城镇、企业开展深受居民喜爱的实践活动,利用寒暑假组织大学生深入田间地头、企业工厂、社区乡镇学"四史",将思想政治课堂搬到现场,真正将"四史"所学、所思、所感践行于社会,进一步认清新时代大学生肩负的历史使命。

四、中华优秀传统文化教育

(一)新时代大学生中华优秀传统文化教育内涵及特征

1. 新时代大学生中华优秀传统文化教育的时代内涵

习近平总书记指出:"中华优秀传统文化已经成为中华民族的基因,植根在中国人内心,潜移默化影响着中国人的思想方式和行为方式。"[①]对传统文化中适合于调理社会关系和鼓励人们向上向善的内容,我们要结合时代条件加以继承和发扬,赋予其新的涵义。新时代大学生中华优秀传统文化教育的时代内涵,就是要培养和巩固大学生的历史文化认同,深入领悟中华优秀传统文化的时代价值,将其创造性地转化为大学生的精神追求和行为习惯,让当代大学生汲取力量助推社会主义现代化建设。

2. 新时代大学生中华优秀传统文化教育的特征

(1)新时代大学生中华优秀传统文化教育具有鲜明的时代性

习近平总书记指出:"中华文明源远流长,孕育了中华民族的宝贵精神品格,培育了中国人民的崇高价值追求。"[②]中华优秀传统文化有别于世界其他民族的文化,蕴含跨越阶级、超越时代的内容和精神。因此,新时代大学生中华优秀传统文化教育始终紧扣历史的脉搏,具有鲜明的时代性。加强对新时代大学生的中华优秀传统文化教育,就是用中华优秀传统文化中以爱国主义为核心的民族精神和以改革创新为核心的时代精神鼓舞青年大学生的斗志,承担起社会主义建设重任。

(2)新时代大学生中华优秀传统文化教育具有内容的多元性

在上下五千年的历史进程中,我国形成了以华夏文明为主,吸收其他少数民族文化的中华优秀传统文化,集儒、道、法、杂、墨、农、阴阳、名家等学说之

---

① 习近平. 青年要自觉践行社会主义核心价值观——在北京大学师生座谈会上的讲话[N]. 人民日报,2014-05-05(02).
② 孔聪. 习近平治国理政思想中的传统文化观[J]. 理论学习(山东干部函授大学学报),2017(03):14-17.

众长，同时吸收了其他外来文化因素，内容涵盖文学艺术、宗教哲学、自然科学等方面。中华优秀传统文化始终以海纳百川的姿态面向世界，形成具有鲜明民族特色的多元文化体系。通过对新时代大学生进行中华优秀传统文化教育，提高大学生的道德情操，培养好社会主义事业的接班人，更好地建设社会主义。

（3）新时代大学生中华优秀传统文化教育具有强大的育人性

习近平总书记在中央党校建校80周年庆祝大会上讲："中国传统文化博大精深，学习和掌握其中的各种思想精华，对树立正确的世界观、人生观、价值观很有益处。古人所说的'先天下之忧而忧，后天下之乐而乐'的政治抱负，'位卑未敢忘忧国''苟利国家生死以，岂因祸福避趋之'的报国情怀，'富贵不能淫，贫贱不能移，威武不能屈'的浩然正气，'人生自古谁无死，留取丹心照汗青''鞠躬尽瘁，死而后已'的献身精神等，都体现了中华民族的优秀传统文化和民族精神，我们都应该继承和发扬。"[①] 这种道德文化突出的育人性已经根植于我国人民的民族基因中，极大地增强了大学生的文化自信，对培养其爱国情操具有突出的教育价值。

（二）新时代大学生中华优秀传统文化教育的重要意义

1. 是中国特色社会主义建设的智慧源泉

自中国共产党成立以来，始终带领全国各族人民坚定不移地把马克思主义和中华优秀传统文化相结合，吸收和借鉴中华传统文化中的精华，为中华民族传递着信心和力量，也为马克思主义在中国成熟、发展和壮大提供了不可或缺的文化土壤，走出了一条中国特色社会主义道路。蕴含着丰富哲学思想、人文精神、道德观念的中华优秀传统文化在新时代依然为我们认识和改造世界、国家治理现代化和建设社会主义精神文明贡献了智慧。

2. 是大学生社会主义核心价值观培养的必然要求

习近平总书记指出："深入挖掘和阐发中华优秀传统文化讲仁爱、重民本、守诚信、崇正义、尚和合、求大同的时代价值，使中华优秀传统文化成为涵养社会主义核心价值观的重要源泉。"[②] 因此，"富强、民主、文明、和谐、自由、平等、

---

① 习近平. 在中央党校建校80周年庆祝大会暨2013年春季学期开学典礼上的讲话[N]. 人民日报，2013-03-03（02）.
② 张家惠. 习近平诚信思想述评[J]. 新疆社科论坛，2017（01）：8-12.

公正、法治、爱国、敬业、诚信、友善"的社会主义核心价值观的培养就是要深耕中华优秀传统文化，健全大学生的道德品格，引导大学生树立正确的世界观、人生观和价值观。

3. 是大学生思政教育的实效要求

经过几千年的传承和发展，中华优秀传统文化蕴含了道德修养、伦理教育、文化科学、生活礼仪等丰富内容，已经深刻融入每一个中国人的思想、学习和生活中，潜移默化地影响着人们的道德素养和思想品质。通过优秀文学作品、戏曲、英雄事迹、历史故事等内容，将中华优秀传统文化融入思政教育的全过程，有助于大学生积极主动地培养和提高学习兴趣，提升思政教育的吸引力和实效性。

（三）新时代大学生中华优秀传统文化教育的现状

1. 认知程度不高

中华优秀传统文化通过戏剧、舞蹈、音乐、诗歌、民俗习惯、文学著作等形式得以保存和发扬，在我国的课堂教学中引用也较多。但仍有少部分大学生对中华优秀传统文化缺乏学习兴趣和热情，对中国传统节日和民俗了解不够，对古代先贤个人事迹和理论思想基本不了解，对优秀著作和经典史籍也较少阅读和研究。当代大学生对于技术性知识和技能掌握较好，但人文素养不够，对中华优秀传统文化认识不足。

2. 接受主动性不够

我国十分注重课堂的传统文化教育，但随着网络技术的发展和西方教育理念的影响，大学生较少主动学习和研究传统文化。他们注重自我、标新立异、崇尚自由，大部分大学生以欧美日韩为潮流，喜欢过外国节日，吃外国食品，对其他国家文化充满好奇，而对中国传统的优秀文化知之甚少，也缺乏对传统文化的了解兴趣。因此，我们必须加强对大学生的中华优秀传统文化教育，提高大学生学习优秀传统文化的自觉意识和文化自信，增强大学生的文化底蕴。

3. 教育方法灵活不足

目前，大学生思想政治教育任课教师大都是思想政治教育或马克思主义专业，其本身对中华传统文化也缺乏足够的了解，因此，他们对中华优秀传统文化只能进行概括性的简单阐述，没有完全传达出中国传统文化的深刻内涵，且目前存在的教育逻辑体系也有一定的问题漏洞，对深层次的道德观念和价值观念缺少引导。另外，传统理论课堂一对多授课模式缺少师生交流互动，与大学生喜闻乐见的现代新媒体传播方法和接受模式有一定差异，灵活性不足，使中华优秀传统文化对大学生的学习和探索缺乏一定的吸引力。

（四）加强新时代大学生中华优秀传统文化教育的途径

1. 丰富思政课堂的理念和方法

新时代大学生担负着实现中华民族伟大复兴的使命，但他们大都社会经验不足，很容易被西方文化思潮和不良风气影响，因此大学生的思想政治教育非常重要。当前课堂教育中传统文化的传播内容和渠道十分有限，基于我国教育方式的现实考虑，应当将中华优秀传统文化融入思政课堂，用民俗课堂、知识竞赛、经典书籍、文艺表演等形式让大学生感受传统文化的魅力，自觉学习传统文化，提升理想信念教育的境界。同时新媒体的快速发展促进了文化的多元和融合，也要求我们结合时代发展，及时更新思政教育理念和方法，通过微信、视频、网站、慕课等互动交流方式，在大学生的思想政治课中更好地发挥传统文化的价值。

2. 增加优秀传统文化的实践活动

我国的教育体制改革实践性教学已被广泛运用，中华优秀传统文化的实践教学也应当增加。按照国家规定，成立与传统文化相关的社团并开展各类活动，从而让大学生真正认同优秀传统文化；利用实践将传统文化的知识内化，如通过研读国学经典，组织"三下乡"实践活动、志愿服务等，在实践中帮助学生了解中华传统文化，培养舍己为人、无私奉献、热爱社会的精神。同时实践活动还将大学生思想政治课堂上原本枯燥的内容生动化、形象化、趣味化，以提升思想政治教育的效率。

3. 融入校园文化建设

中华优秀传统文化教育不能单纯依赖于课堂教学这一途径，还需通过各种方法与形式来帮助大学生了解传统文化。因此，高校可以通过校园建筑、教学设施、人文景观等校园环境，校园网、书刊报纸、广播、横幅海报等宣传手段，征文、演讲、文艺汇演、沙龙等校园活动，将传统文化融入校园文化建设中，让大学生充分了解并认同中华优秀传统文化的时代价值，让大学生时刻感受到优秀传统文化的熏陶，从而提升他们的文化品位，培养健康的人格。

第二节　新时代高校思想政治教育的路径

习近平关于青年工作的重要思想，深刻阐述了我国高等教育发展的重大理论和实践问题，是我国高等教育实践的理论结晶，是做好新时代大学生思想政治教育的理论指南。

一、价值引领：班级活动与思想政治教育相融合

一般而言，思想政治教育是社会或社会群体用一定的思想观念、政治观点、道德规范，对其成员施加有目的、有计划、有组织的影响，使他们形成符合社会所要求的思想品德的社会实践活动。

习近平总书记指出："核心价值观是一个民族赖以维系的精神纽带，是一个国家共同的思想道德基础。"[①] 通过理论创新、舆论宣传、教育引导、文化熏陶、实践养成、制度保障等途径，社会主义核心价值观在全社会逐渐像空气一样无处不在、无时不有，日益成为中国人的精神追求和自觉行动。由此可见，努力将中国特色社会主义核心价值观等主流价值观和各种普适性道德规范等社会规范内化为大学生德性和行为准则的过程，是高校思政育人的主渠道，同时，又是激活与唤醒大学生公民道德意识的过程。

（一）班级的基本概念及形成阶段

1. 班级的基本概念

班级是为方便教学管理和日常管理而设立的组织，是把年龄和知识水平相近的有共同学习目标和任务的学生以固定人数聚集在一起的基本群体。无论是学前教育、基础教育亦或高等教育，都把班级视为学校教育的基本单元和学生活动的主要场所。

2. 班级的形成阶段

班级的形成和发展是一个比较复杂的过程，理解和把握其主要特点和基本规律对于加强班级建设和实现班级活动与思想政治教育的融合具有重要的理论和现

[①] 习近平. 在文艺工作座谈会上的讲话［N］. 人民日报，2014-10-15（04）.

实意义。一般而言，班级建设会经历相对松弛的"组合体"形态、严谨的"集合体"形态到最终的"共同体"形态三个不同的阶段。

（1）松弛的"组合体"形态是班级形成的初级阶段

"组合体"阶段的班级具有从松弛、不紧密向逐渐聚合发展的基本特征。刚入校的新生承载着家长、教师和社会的期盼，对新校园、新老师和新同学的新鲜感和好奇心使学生对即将开始的校园生活充满期待和向往，班级成为其展现个性、放飞自我的舞台。班主任老师会给学生建章立制，提出班级纪律要求和作息时间，选拔和任命班级学生干部，明确工作职责，开展班级活动，激发班级活力，形成班级凝聚力，为班级建设和发展奠定基础。班主任在班级形成和建设中发挥了主导作用，全体学生是在班主任统一领导下开展班级活动的。在班级里，学生逐渐完成从个体意识向集体意识的转变，从个体自然性向组织社会性的转变，从生活作息习惯的个性化向有纪律意识的集体化转变。

（2）严谨的"集合体"形态是班级形成的发展阶段

随着学生对班级组织规范的适应、理解和认同，班级也由松弛的"组合体"变为严谨的"集合体"。这一阶段班级的主要特征体现为，由班主任主导管理向班委会主导管理转变，班委会由班主任选拔和任命，并直接对班主任负责。具有各种才能的"班级领袖"开始出现，班级学生骨干力量日益成为班级管理的领导核心，成为班主任的重要助手。班级班风开始形成，班级成员逐渐认同由学习成绩、道德表现以及美术、体育、社会实践等方面构成的"德、智、体、美、劳"全面发展的主要评价标准，并认同以纪律约束个体行为的班级规范。班级目标和学风建设提上日程。班级成员的集体意识和集体荣誉感，学生干部的职责和管理意识，学生参与班级管理的主人翁意识开始萌芽。目前，绝大多数班级处于此阶段。

（3）完备的"共同体"形态是班级形成的高级阶段

这个阶段，班主任基本放权给班干部自我管理，重心主要放在加强班干部的教育和培养，逐渐由直接统一安排班干部工作和班级活动向征集班级成员意见后进行工作安排过渡，鼓励全班学生积极关心班级事务，共同参与班级管理的"参政""施政"和"监督"等民主管理活动。班级管理和活动组织由竞选上任的班委会统一策划和安排，班级规范由全班同学一起制定、修改和完善，班干部的产生、任期以及换届选拔均由全体同学协商确定，班主任的角色由班级管理的"主角"（直接管理者）变为"守夜人"（间接管理者），形成了充分发挥学生自我管理的班级民主机制。"共同体"无论从形式到内容、从理念到实践，都区别于班级形成阶段的"组合体"形态和发展阶段的"集合体"形态，是班级建设的高级阶段。

（二）班级"共同体"形态的基本特征

班级从严谨的"集合体"形态过渡到完备的"共同体"形态是一个不断演进的过程。班级"共同体"的基本特征有四点。第一，主人翁意识和集体意识开始萌芽。每一个班级成员开始明白和理解自己完全可以进行自我管理，涉及班级共同利益的事务则需要班级全体成员共同商讨和决策来完成，班级成员的主人翁意识和集体意识开始萌芽，班级建设的"施工蓝图"由此展开。第二，共同体价值诉求的彰显。班级成员追寻的共同体价值意蕴包含在遵循班级共同体目标达成和建设过程中，应充分理解和尊重个人的思维独立和行为自由，为班级成员的成长和发展提供合理的空间，寻求班级共同利益的最大公约数，让每个班级成员都能感受到班级的集体自豪感和强大凝聚力。第三，合理定位个体角色。班级成员在班级中能发现自己的优点和缺点，扬长避短，妥善处理好个人利益和集体利益的关系。第四，目标规范的行动升华。在充分征询班级成员意见的基础上形成班级建设的共同目标和规范，以此作为班级成员的行为指南和价值追求，让他们在共同体价值基础上进行自我教育和自我管理，严于律己。据此，班级的"共同体"形态，不仅是教育公平公正的需要，也是班级成员共同利益的基本诉求，需要班级成员共同努力才能达成。

（三）班级活动融入思想政治教育的路径选择

大学班级是高等教育最基本的单元组织，是大学生价值观内化、行为养成和多元共同体形成的重要载体。良好的班风班貌和充满正能量的班级精神，是大学生躬行践履诚实守信、勤奋进取的优秀道德品质，夯实思想政治教育现实根基的重要抓手。

1. 促进思想政治教育理念更新

推动教育者主导性与受教育者主体性共生共存，催生思想政治教育理念更新。培养与重视大学生在教育中的主体性角色，是思政教育工作者不得不面对的重要问题。

尊重学生的主体性始终是教育的底色，以更加开放包容的态度对待学生的差异化是教育的底线。理解并认同学生的主体性和多元化属性，推动教育者主导性与受教育者主体性深度融合和良性互动，形成思政教育良好生态，为培育和造就富有远见和创新力的新时代大学生发挥至关重要的作用。

当然，我们也要看到，人的主体性也存在消极性，在个体上常常表现为被动性、依赖性、重复性等特性。因此，思政教育工作者要自觉尊重受教育者的主体性，把自我管理的主动权交给大学生，推动思想政治教育理念的更新，变一味说教和权威性主导为尊重学生的主体性，抑制消极性因素，对大学生多元化价值追求进行合理引导，激发大学生主观能动性。具体来讲，要利用班级活动助人自助，以真正为受教育者带来更加美好的教育体验为宗旨，实现教育者主导性与受教育者主体性和谐共生。

2. 增强思想政治教育的黏性和实效

提高班级活动参与性与互动性，增强思想政治教育的黏性和实效。如何适应大学生的身心特点和成长规律，在班级活动中丰富大学生思想政治教育的载体，提高班级活动的参与性与互动性，用班级文化熏陶、教育和引领大学生不断成长，仍然是一个需要不断探索的现实课题。具体来讲，要坚持做到"三个坚持"，增强大学生思想政治教育的黏性和实效。

第一，坚持在"三全育人"工作新机制上下功夫，在建好第一和第二课堂"两个阵地"上下功夫，推动班级思想政治教育"活起来""深起来""实起来"，努力把班级思想政治教育成果转化为推动学生社会主义核心价值观培育和养成的不竭动力。

第二，坚持涵养环环相扣、阶梯上升的班级思想政治教育生态，避免千人一面，力求做到学生思想政治教育的具体化和个性化。通过举办班级文化风采展示等活动，构建以团结、友善、包容为特色的积极向上的班级文化氛围，增强班级凝聚力；营造良好班风学风，让班级里每一个学生都能充分感受学校师生的关爱和相互认同，与班级共荣辱，与班级共成长；积极参与班级活动，在活动中增长知识，陶冶情操，接受教育，健康成长。

第三，坚持探索"班级主题教育"与"第二课堂"相结合，强化思想政治教育专兼职队伍的相互协作，形成思想政治教育进班级、进宿舍、进网络等一系列在新形势下开展思想政治教育工作的新机制、新方法。

3. 促进文化育人，为大学生思想政治教育注入文化基因

提升文化自觉、自信与自尊，促进文化育人，为大学生思想政治教育注入文化基因，以文化人、以文育人，增强师生文化自信。以文化育人是充实大学生精神家园的生动实践，必将丰富和拓展社会主义先进文化的时代内涵。

当下，我们正处于百年未有之大变局，青年一代肩负民族复兴的大任。而在全球科技激烈竞争和西方文化影响的当下，提升民族文化自信和自尊的基本前提是文化的自觉。当前，以5G引领数字化、智能化的新经济蓬勃发展，深刻影响全球科技和经济发展。大学作为高等文化学府，大学生群体对社会思潮比较敏感，兴趣爱好可塑性强，极易受到影响。因此，班级可通过举办汉服秀等传统文化风采展示活动，围绕端午、中秋、春节等中国传统节日重要时间节点，培养学生的爱国、爱家、爱校的情怀，构建以班级为单位的传统文化教育活动，形成朝气蓬勃、乐观向上的校园文化氛围。通过组织观看影视资料、参观文化古迹、举办征文和演讲比赛等各类主题班级活动进一步增进学生对中华文明五千年灿烂文化的了解，培养学生的民族自尊、民族自信和文化自觉，激发他们为中华民族伟大复兴和国家富强而努力奋斗的决心。

二、德育感化：校园文化活动与思想政治教育相融合

高校思政教育工作者要千方百计加强教育引导，让社会主义核心价值观之花在大学生心中美丽绽放。

（一）组建大学生理论宣传团，让大学生讲好中国故事

遵循马克思主义大众化和大学生思想政治工作规律，依托马克思主义传播人才培养的专业特点，探索建立一支以学生骨干为核心的理论宣讲团，用大学生的视角来宣讲习近平新时代中国特色社会主义思想和党的二十大精神，贴近学生实际，进一步增强理论学习氛围和思想政治教育的活力。

1. 立足新时代的宣讲内容

宣讲的内容是否具有时效性和精彩性，决定了理论宣讲是否真正能够达到思想政治工作的要求。因此，宣讲团要立足新时代新征程，跳出传统宣讲套路，从

内容、形式、载体、方法、手段等方面，对贯彻落实习近平新时代中国特色社会主义思想和党的二十大精神进行全面解读。

2."双向互动"的宣讲方式

宣讲在形式上要讲究语言的规范和严谨，采用说理和案例启发相结合的方式，特别强调与学生的互动，变传统的"单向灌输"为"双向互动"；同时，宣讲还应着眼党和国家事业发展全局，高度负责尽责，提高贯彻落实的质量和水平。

（二）推动思想政治教育高质量发展

精心谋划学生党建特色品牌活动，可以在主题党日中设置"学习强国"专栏学习、重温入党誓词、过集体政治生日等环节，增强组织生活的仪式感、吸引力。组织开展"读《习近平谈治国理政》主题征文比赛""党史百年知识专题学习"等一系列线上线下品牌活动，以学生党建活动为抓手，牢记"为党育人、为国育才"的使命，将思想政治教育融入人才培养的全过程，以党员为榜样，引导全体学生做"引路人"，做"德才兼备"的时代新人，做"追梦人"，与祖国同呼吸共命运。

（三）创新党史学习教育方式，奏响党史育人"三部曲"

1. 立德树人，奏响思政育人"初心曲"

牢记"为党育人、为国育才"初心使命，结合学生特点和学科特色，创新党史学习教育方式，将党史学习教育融入思想政治教育全过程。用好课堂主渠道，把党史学习教育融入思政课程和课程思政之中，组建党史学习教育宣讲团，组织优秀辅导员带领学生党员进校园、进社区、进企业、进农村，讲党史、讲社区治理，把党史学习教育同为人民服务结合起来。

充分利用红色文化主题教育基地，开展爱党、爱国、理想信念教育。在庆祝中国共产党成立100周年之际，在红色文化革命纪念馆等爱国主义教育基地举办开展学生新党员代表宣誓入党仪式等主题宣传教育活动，增强育人的仪式感。

组织学生实地参观学习打造"行走中的党史课堂"，推出"教授讲党史""探寻家乡红色遗址，感悟家乡红色文化活动"等专题思政栏目，传承共产党人的精神谱系。在老师的指导下，通过寻访身边的老党员，深入探寻他们为国家做出的贡献，体会祖国发展的来之不易。深入挖掘典型人物事迹，用图片、文字、视频等方式真实再现和讲述在中国共产党领导下，身边老党员为党为国无私奉献的先进典型事迹，扎实开展"四史"学习教育，创新学习教育方式，引导学生学史增信、学史崇德，提升思想政治教育的实效。

2. 深学笃用，奏响思政育人"进行曲"

积极开展党史学习教育悟思想读书活动、办实事实践活动、育新人铸魂活动、开新局争先活动，把学习贯彻习近平总书记重要讲话作为党史学习教育的首要任务和基本遵循。灵活运用读、访、唱、研、讲五种学习方式，引导学生读原著、学原文、悟原理，在实践中学党史、悟思想、办实事、开新局，进一步坚定政治信仰。

3. 靶向发力，奏响文艺"协奏曲"

习近平总书记深刻论述了用文艺涵育社会主义核心价值观的重要作用，提出了新要求新期待。社会主义核心价值观植根于我国优秀传统文化。任何核心价值观的培育和践行，都需要精神文化产品与文化氛围的涵养和支持。

文化熏陶，是培育核心价值观的无形手段。积极组织和举办合唱比赛、党史诵读比赛、师生歌咏比赛、红色经典诵读、书法绘画展示等一系列文化艺术活动，以文化艺术为突破口，靶向发力，突出重点，强化对学生的文化艺术熏陶，在学生心中种下"真善美的种子"。

三、行为塑造：社会实践活动与思想政治教育相融合

在社会实践这场思政大课堂中，加深大学生对"国家兴亡、匹夫有责"的理解，感受人民群众实现共同富裕后发自内心的喜悦和感恩，体会脱贫攻坚的不易，领会乡村振兴国家战略的伟大意义，与祖国同频共振，坚定要在祖国最需要的地方建功立业的信心，展现新时代青年大学生的责任担当。

（一）社会实践活动与思想政治教育深度融合的现实意义

1. 丰富思想政治教育的新内涵

社会实践活动是大学生思想政治教育的重要平台之一，有利于大学生开阔眼界，增长见识，服务国家，回馈社会，磨砺品格，敢于担当，善于作为，增强社会责任感。因此，作为第一课堂思政教育的有益补充，社会实践活动能为大学生思想政治教育注入新的内涵。

2. 运用大学生雅俗共赏的教育方式

大学生对社会实践活动能够认同和喜爱与它具有的突出优势密不可分。第一，这是一个平等主体交流的舞台。参与社会实践活动，不因身份和学习成绩好坏而有所限制，只需要付出真心和时间，保持对活动的专注即可。第二，这是一个自由交流的轻松场所。这里没有教师的权威言论和理论说教，大学生凭借兴趣和自身需要选择中意的社会实践活动，彼此坦诚相待，自由交流，求同存异，分享新知，收获快乐。第三，这是一个检验自我成长的地方。大学生在社会实践活动中可以认识社会，结交朋友，发现自己的优点和不足，收获成长的快乐和幸福。第四，这是一个实践出真知的平台。大学生依据社会的需要和个人的偏好参加形式多样且充满挑战和吸引力的社会实践活动，锻炼能力，提升本领，增长见识。可见，社会实践活动融入思政教育将获得事半功倍的效果。

（二）拓展实践育人平台的宽度和广度

1. 增强大学生的历史使命认知力

要赋予社会实践活动广阔的应用场景，增强大学生成为社会主义可靠接班人的历史使命认知力。社会实践活动要立足更加广阔的社会场景，以人民为中心，心系人民、讴歌人民。只有充分领略祖国的大好河山和风土人情，才能体会到家国情怀，认清国家发展的重大历史机遇并敢于应对各种困难挑战，增强成为中国特色社会主义可靠接班人的历史使命认知力。

2. 增强大学生的社会责任内驱力

要提供多元化的社会实践活动载体，增强大学生的社会责任内驱力。"三支一扶"、人口普查等是当下大学生社会实践活动的主要形式，相对比较单一和枯燥，缺乏创新。虽然在这些活动中，大学生的组织协调、团队合作、口头表达等各项能力也会获得提升，但对于担当新时代中华民族伟大复兴重任的青年大学生来说，还有很长的路要走。伴随全球经济一体化发展和科技文化竞争越来越激烈，国家和社会对青年大学生综合能力的要求也逐渐提高。因此，要尽可能给大学生提供更多的社会实践机会，提升他们奋斗的内驱力。

具体而言，可以结合党史教育和高校实际，开启一堂"行走的思政课"，让学生亲身感受多样化社会实践的魅力。比如，可以组建大学生乡村振兴社会实践团走进当地的特色乡镇,感受社会主义新农村建设的丰硕成果;可以到现代化智慧农业产业园参观和学习;还可以到乡村特色农产品电商直播间现场体验"直播带货",亲身感受国家科技发展助力乡村振兴的成果,激励学生坚定永远跟党走的信念,将获取的养分化作实践观察的动力,投身于乡村振兴的事业之中。

3. 为思想政治教育注入新的活力

建立大学生社会实践育人共同体,为思想政治教育注入新的活力。要强化社会实践育人,组织师生参加社会实践活动,完善科教融合、校企联合等协同育人模式,加强实践教学基地建设。因此,建立高校与政府部门、社会非营利机构、街道社区、公司、律师事务所等社会实务部门联动育人培养机制十分必要。这种机制可以提供多元化实践锻炼平台,推动高校与社会实务部门形成大学生社会实践育人共同体,与企事业单位开启学生联合培养模式等方式,大力推进创新型、复合型人才培养力度。这一工作机制的建立还为高校、政府等社会实务部门联合建立教学社会实践基地提供了重要的顶层设计,为社会实务部门承担高校大学生人才培养任务提供了重要的机制保障,这将有助于提高社会实务部门投身高等教育的积极性,开创大学生社会实践全员育人的新格局。

社会实践活动就是要通过隐性教育功能,潜移默化地将社会主义核心价值观等主流思想植入大学生的脑海,发挥润物细无声的涵育作用,坚定他们社会责任的意志力。

四、平台聚焦:新媒体与思想政治教育相融合

新媒体是科技进步和时代发展的重要产物,特别是在 5G 技术商用为代表的第四次工业革命浪潮冲击下,以 AI、云技术运用为核心的人工智能时代已经来临。在此背景下,新媒体所具有的强大宣传和渗透功能,正在不断潜移默化影响着社会发展和我们每个人的思维方式,这将有助于新时代高校思想政治教育模式的创新。新媒体时代语境下的高校思想政治教育将面临更多的挑战。虽然,新媒体传播及时性与信息的交互性、主体的个性化与身份的虚拟化、内容的海量性与语境的碎片化等特点为高校思想政治教育开辟了全新的时空场域,有效延伸了师生交流的广度和深度,但也给大学生的思想、学习生活和思政教育的话语体系等方面带来了不可忽视的影响。

（一）新媒体的基本内涵及主要特征

1. 新媒体的基本内涵

新媒体是基于网络技术、数字技术等通信软件和视频播放平台，以流媒体、全媒体形式展现，以互联网为传播手段，以手机、电脑和数字电视等为终端设备，满足用户信息数据获取、交换和传播需求的新兴媒体形态的总称。

2. 新媒体的主要特征

（1）传播的及时性与信息的交互性

基于网络、数字技术等互联网传播渠道进行信息传输的新媒体具有传统媒体无法比拟的时效性和交互性特征。信息的获取、传递和交换不受时间、空间和距离的限制，具有即时性、平等性、双向性的特点。个人、家庭、政府部门或企业等社会机构通过接入互联网，依托手机、电脑等终端设备和微信、微博等即时通信软件，就可以编辑和发送文字信息以及图片、语音或视频文件等流媒体进行双向互动交流。

（2）主体的个性化与身份的虚拟化

区别于传统媒体传播主体的单一性和受众主体的广泛性、不确定性的特点，新媒体传播渠道下，信息传播主体的个性化和偏好得到充分的彰显。个体可以通过新媒体平台向特定对象或群体发布带有个性化特征的信息，增加信息交互的私密性。在新媒体中，信息传播主体可以隐藏自己的真实身份，以虚拟身份参与网络互动交流，以此避免真实身份给自己带来的麻烦，具有虚拟性特征。现实中，很多网友通过QQ、微信聊天交流时，可以匿名发送信息，当然，运用专业工具或者技术手段也可以查证其真实身份。新媒体的虚拟化和隐匿性的特征给信息交流双方随时随地自由交流带来了安全的体验感，是新媒体时代信息交互理念和模式重大革新的重要表征。

（3）内容的海量性与语境的碎片化

因信息传递不受时空和容量等客观因素的限制，新媒体具有传播内容的海量性特点。在新媒体时代，人们可以随时随地自由表达个人的看法和见解，分享自己的喜怒哀乐，由此延伸出新媒体时代互联网交流特有的话语体系。这种特有话语体系的生成是新媒体时代个体自由思想和情绪宣泄通过语境碎片化来展示的生动写照。

(二)新媒体给大学生思想政治教育带来的机遇与挑战

1. 新媒体给大学生思想政治教育带来的机遇

(1)有利于实现大学生思想政治教育方式的创新

当下,高校基本形成了学院、年级官微、辅导员官微等多层次的新媒体思想政治教育平台矩阵,通过线上线下开展党建团建、主题班会、学风建设等活动,与日常学生管理相互融合,突破线下地域限制,突出教育内容的新颖性,充分发挥专业教师、辅导员、党政管理人员等专兼职德育管理队伍立德树人的示范作用,做好大学生思想政治教育工作。

(2)有利于调动大学生思想政治教育主体的积极性

各类官方微信公众号和 QQ 等新媒体平台所带来信息传递的时效性、交互性、生动性的特征迎合了当下大学生追求自由和个性化的群体特征,突出发挥了网络思政育人正面的引领作用,这种"润物细无声"的隐性教育方式更能够充分调动大学生的积极性和参与性,让他们争做深度思想的学习者、正能量的传播者和创新领域的先锋者。

(3)有利于丰富大学生思想政治教育话语的新内涵

新媒体所打造的虚拟网络空间等一系列交流模式已成为大学生日常交际的主要方式,这有助于高校大学生思想政治教育向网络空间进行适当延伸。一方面,大学生可以在虚拟网络世界里拥有相对独立的话语空间,而不必受任何话语权威控制,从而塑造个性化的独立人格;另一方面,新媒体可以超越地域、职业、专业、年龄等交往范围,为大学生思想政治教育注入新的活力和动力,丰富大学生思想政治教育话语的新内涵。

2. 新媒体给大学生思想政治教育带来的挑战

(1)大学生思想政治教育环境日益复杂化

在新媒体时代,大学生的思想政治教育和管理依托互联网信息化技术将变得更加高效和便捷,能够突破时空和地域的限制,实现点对点、点对面多元化的信息传播和交互。新媒体的虚拟性和交互主体身份的隐匿性也导致教师很难准确掌握大学生线上线下截然不同的学习生活状态,毕竟隔着屏幕编辑文字和表情的线上交流方式很难与线下面对面的交流相提并论,缺少了温情和真实感。大学生乐于通过新媒体去获取各种资讯和分享个人见解,并进行信息的交换以获取不同的思维方式和价值理念，但虚拟的环境往往很难建立长久、真诚、可信赖的交往关系。可见，新媒体下的交流和舆论环境将变得更加复杂，置身其中的大学生思想状态将愈发失去有效的控制，这必然会削弱传统思想政治教育应有的作用。

（2）大学生思想政治教育的传统理念受到冲击

大学生思想政治教育的传统理念具有多重优点，如教师和交流对象真实身份的确定性，教育过程的可控性，教育目标和效果的可及性等。具体来讲，教师和学生通过传统的思想政治教育方式进行面对面交流，可以有效传递有价值的信息，避免信息失真，通过面部表情和语音语调的变化展开情感交流，进行共情，产生共鸣，以此达到预设的教育目标。新媒体环境下，大学生往往以虚拟的身份或者掩饰其真实思想行为的状态与教师进行线上交流，大学生线下真实的行为和言论很难被发现和追踪。显然，这种信息不对称的交流状态让老师很难开展针对性的工作。教师单方主导的传统思想政治教育理念受到新媒体下师生双向互动的思想政治教育理念的挑战。

（三）新媒体与大学生思想政治教育相融合的实践路径

要推进高校思想政治工作改革创新，要加强互联网思想政治工作载体建设，加强学生互动社区、主题教育网站、专业学术网站和"两微一端"建设，运用大学生喜欢的表达方式开展思想政治教育。

1. 树立大学生思想政治教育的新理念

高校新媒体工作者应当树立兼容并包、与时俱进的工作理念，以开放的姿态接纳和拥抱新媒体，全面、科学、客观看待新媒体给大学生思想政治教育带来的机遇和挑战，取其精华去其糟粕，降低新媒体的不利影响，激发新媒体的辐射力，挖掘其所蕴含的思政教育新动能，把握新媒体与思想政治教育融通发展的新规律。

2. 构筑大学生思想政治教育的新平台

为切实加强学生思想政治教育工作、提高思想政治教育水平，高校可以构建学校、学院、教师和年级官方微信公众号（或官方QQ）"四位一体"的网络思想政治工作传播矩阵，坚持宣传"学校、学科、学者、学生"的先进事迹，树立师德师风先进典型。一言以蔽之，高校新媒体平台建设应注重在立好办网之魂、强化能力建设、巩固壮大阵地、改进传播方式等方面下功夫，充分发挥新媒体在提升思政工作质量、构建一体化育人体系方面的重要作用。

3. 探寻大学生思想政治教育的新方法

（1）研究高校思想政治教育工作者思想引领的新范式

在传统思想政治教育模式中，高校思想政治教育工作者开展思想政治教育主要围绕两个课堂展开，即思政课教师讲授"两课"和形势与政策课等为内容的"第一课堂"；以辅导员等学生工作者组织开展党建团建活动、组织生活会、班会、校园文化活动等为载体的"第二课堂"。在新媒体格局下，高校思想政治教育工作者思想引领应关注两个转变。

第一，"单一"向"多元"转变。即由传统"两课"理论知识传授的显性教育和舆论引导、活动渗透等隐性教育相结合的"单一"模式转向新媒体网络社区、微信、QQ、短视频等大学生喜闻乐见的信息交互形式，以提供更加丰富"多元"的思想引领素材和资源，成为思想政治教育主渠道的有益补充。

第二，由"主导"和"灌输"向"引导"和"对话"转变。新媒体时代更强调交流的自由平等，这对在传统思想政治教育模式中教师的主导性和权威性产生了较大的冲击。因此，思想政治教育工作者在沿用传统"两课"教育主渠道的基础上要主动占领新媒体阵地，充分利用微信、QQ等新媒体平台具有的覆盖面广、点对面、传播即时性的特点，通过文字、图片、语音、视频等方式传播正能量信息；围绕学生关注的热点及时给予针对性的回复；引导学生认同和践行社会主义核心价值观，用"中国梦"筑牢大学生的共同思想基础，提高思想政治教育工作的辐射力、吸引力和渗透力。新媒体信息的发布者、传播者与接收者应融为一体，高校思想政治工作者与大学生在新媒体互动交流中不必太在意师生的身份界限，师生的思想交流更多是"对话"式的交流，是建立在彼此相互尊重、平等交流基础上的相互认同、求同存异，是一个逐渐产生共鸣、达成共识的过程。因此，要从单纯"灌输"和"主导"向"引导"和"对话"的教育方式转变，引导大学生铸就理想信念、锤炼高尚品格，成为堪当民族复兴大任的合格人才。

（2）构筑新媒体平台信息传递矩阵，增强网络思想政治教育的张力

高校思想政治教育者要充分利用网络快捷、互动性强、覆盖面广的特点，形成多层面、平等性的对话与交流的机制，有效避免传统思想政治教育只能面对面

交流的尴尬，消弭学生心理隔阂，及时把握学生思想动态，有效解决时空等特殊原因导致的无法直接交流等"卡脖子"难题，强化新媒体平台与网络思想政治教育的链接，增强网络思想政治教育的张力。

当下，主题活动的开展和学习任务的完成可以通过建立网络班级、网络团支部、网络党支部来进行，要逐步脱离传统固定班级的束缚，提高沟通效率，引导学生发挥主观能动性，组建以兴趣爱好为导向的"网络家园"，进一步增强班级的凝聚力和归属感，从而为思想政治教育工作者开辟隐性思想政治育人的新天地。高校思想政治教育者要通过坚持网络发声、正面引导、撰写博文等，调动学生参与的积极性，拉近师生的时空和心灵距离，这将成为高校思想政治教育者听取学生心声、把握学生"思想脉搏"的重要途径。

第三章　新时代高校思想政治理论课体系建设分析

本章的主要内容为新时代高校思想政治理论课体系建设分析，共分为以下三节进行论述，分别为新时代高校思想政治理论课体系建设的重要性、新时代高校思想政治理论课体系建设的创新、新时代高校思想政治理论课建设的资源整合。

第一节　新时代高校思想政治理论课体系建设的重要性

在新时代的背景下，伴随着全球化、信息化的加速，人们的思想观念、价值取向日趋多元化。因此，高校思想政治理论课体系建设显得尤为重要。它不仅关乎大学生的思想道德素质，更是关系到国家未来的发展方向和社会稳定。

一、培养全面发展的社会主义建设者和接班人

新时代高校思想政治理论课作为大学生思想政治教育的主渠道和主阵地，在新时代背景下显得尤为重要。随着经济全球化和信息技术的迅猛发展，各种思想观念和价值取向相互交融，大学生的思想观念和价值取向也呈现出多元化趋势。因此，加强新时代高校思想政治理论课体系建设，对于培养德智体美劳全面发展的社会主义建设者和接班人具有重要意义。

新时代高校思想政治理论课体系建设能够帮助大学生树立正确的世界观、人生观和价值观。在思政课中，通过马克思主义基本原理、毛泽东思想、邓小平理论、"三个代表"重要思想、科学发展观和习近平新时代中国特色社会主义思想等课程的学习，大学生能够深入了解人类社会发展的规律和国家的历史与现实，

明确自身的社会责任和历史使命，树立正确的世界观、人生观和价值观，使其成为具有社会责任感和担当精神的时代新人，为民族复兴贡献自己的力量。

二、传承和弘扬中华优秀传统文化

中华优秀传统文化是中华民族的宝贵财富，其中蕴含着丰富的哲学思想、人文精神、道德理念等，对于培养学生的思想道德素质、提高文化素养具有重要作用。将中华优秀传统文化融入高校思想政治理论课体系建设，可以更好地传承和弘扬中华优秀传统文化，同时也可以丰富高校思想政治理论课的教学内容，提高教学质量。

新时代高校思想政治理论课体系建设需要不断创新和发展，以适应时代发展的需要。将中华优秀传统文化与高校思想政治理论课体系建设相结合，可以推动高校思想政治理论课的创新发展，使其更加贴近时代、贴近实际、贴近学生。同时，这种结合也有助于提高高校思想政治理论课的针对性和实效性，更好地实现高校思想政治教育的目标。

将中华优秀传统文化与新时代高校思想政治理论课体系建设相结合，有助于培养学生的文化自信和价值观自信。通过学习中华优秀传统文化，学生可以更好地了解和认同中华文化，树立正确的价值观和文化观，增强文化自信和价值观自信，从而更好地应对多元化、复杂化的社会环境。

总之，中华优秀传统文化与新时代高校思想政治理论课体系建设相结合，既有利于传承和弘扬中华优秀传统文化，又有利于推动高校思想政治理论课的创新发展，提高学生的思想道德素质和文化素养。

三、促进大学生全面健康成长

新时代高校思想政治理论课不仅关注大学生的思想道德素质，还关注其身心健康、人际交往等多方面的发展。通过思政课，大学生能够提升自我认知、情绪管理、人际沟通等方面的能力，促进自身全面健康成长。

新时代高校思想政治理论课体系建设具有重要意义。面对新时代的挑战和机遇，高校应加强思政课体系建设，创新教育理念和方法，加强师资队伍建设，完善课程设置和教材体系。通过高质量的思政课教学，培养德智体美劳全面发展的社会主义建设者和接班人，维护国家意识形态安全，传承和弘扬中华优秀传统文化，促进大学生全面健康成长。

第二节　新时代高校思想政治理论课体系建设的创新

在新时代高校思想政治理论课体系建设的创新工作中，可以通过对时代高校思想政治理论课的教学理念与教学方法进行创新而实现，下面我们将分别对其进行阐述。

一、新时代高校思想政治理论课教学理念创新

教学理念是对"教学应该怎样以及何以需要如此"的理想化认识，既是对教学现状中存在的问题与不足的理性思考，又是对"教学应该怎样以及何以需要如此"的理想化认识，反映人们对教学实践不断完善的价值期待和理想追求。

总的来说，要想实现新时代高校思想政治理论课体系建设的改革与创新，最为重要的路径就是教学理念的创新。

（一）聚焦"立德树人"育人理念

育才先育人，育人先立德。培养什么人、怎样培养人、为谁培养人，历来是我们党和国家教育的根本问题。

1."立德树人"根本任务的教育旨归

教育的本质在于培养人，这是在漫长的教育发展实践与探索中，古今中外达成的共识。"大学之道在明明德，在亲民，在止于至善"[1]是四书之首《大学》的开宗明义；朱熹在《四书章句集注》中讲到"古之大学所以教人之法也""教之以穷理、正心、修己、治人之道"[2]。一言以蔽之，教育的真谛在于求知、求善、求美。现代意义的大学源起于西方的教育制度，来自拉丁文，意指追求学术的共同体（Academy），求知、求美是其发展指向，求善是其根基。古今中外的大学在强调知识的求索，也就是在探求真理的目标指向的同时，更强调德性的修养，

---

[1] 王建新. 竹帛智慧十讲[M]. 北京：金城出版社，2021.
[2] （宋）朱熹. 四书章句集注[M]. 北京：中华书局，2012.

也就是强调传承对于"善"与"美"的追寻。因此,"培养什么人,成为什么人"的问题永远是教育中最根本的问题。大学之道,道之所在,也正是高等教育的目标所指。

2."立德树人"根本任务的时代回响

当今中国处于国际与国内两个大局的叠加之中。

一方面,要求我们要深刻认识"百年未有之大变局",审时度势,顺势而为。一是国际力量对比之变。呈现"东升西降"的整体态势,从经济总量来说,国际力量对比越来越朝着更加均衡的方向发展。二是世界格局之变。新兴市场国家和发展中国家崛起速度之快前所未有,世界权力中心逐渐从大西洋向太平洋转移,权力分布从美欧等发达国家向金砖国家等发展中国家转移。整个世界"你中有我,我中有你"的态势更加明朗,越来越需要多主体的协同参与、共同努力。三是科技革命之变。大量新产业、新业态、新模式,正在改写人类发展历史,重塑全球经济结构,给人类的生产和生活方式带来翻天覆地的变化。科技发展也带来新的未知和挑战,影响每个国家的前途命运,以及国际秩序和格局的演变进程。四是现代化发展模式之变。社会主义中国在探索现代化道路上取得了举世公认的成就。立足本国国情,探索适合自身的现代化之路,已经成为广大发展中国家的普遍共识。现代化发展模式实现了突破西方路径依赖,从一元走向多元的重大转变。因此,当前世界正处于大发展、大变革、大调整时期。

另一方面,立德树人根本任务的提出也是对国内大局——中华民族伟大复兴战略全局的充分考虑与应对。

2021年我国已经正式宣告"全面建成小康社会",实现了第一个百年的奋斗目标,已经奔赴全面建设社会主义现代化国家的第二个百年新征程,计划用15年的时间基本实现现代化,到本世纪中叶把我国建成社会主义现代化强国,这是改革发展进程中我们要完成的新任务。我国当前正处于向高收入国家迈进的关键期,所以更需要我们专心致志搞建设,全心全意谋发展。

中兴、华为事件告诉我们一个道理,真正的核心技术是买不来的,正所谓国之重器,必须掌握在自己手里。因此,面对国内外的现实挑战,我们要爱党爱国,突出强调我们办的是社会主义大学,我们教育的根本任务是立德树人,人才培养的目标是德智体美劳全面发展的社会主义合格建设者和坚定接班人。

3."立德树人"根本任务的现实指向

落实立德树人根本任务,必须全面贯彻落实党的教育方针。党是领导一切的,一直以来,教育事业始终坚持社会主义办学方向,为中国特色社会主义事业源源不断地输送人才,保证了我国在中华民族伟大复兴的道路上一路高歌猛进,取得了一个又一个成就。历经多年,中华人民共和国建设史中一批又一批具有科学精神的科学家永立潮头,明大德,守公德,严私德,勇担时代重任,以家国情怀交出一份又一份时代答卷。实践已然证明,坚持和加强党对教育事业的领导是实现我国教育事业的跨越式发展的制胜法宝,新时代应面对新的时代命题坚定不移地坚持党的领导,继续发挥社会主义办学的制度优势。

落实立德树人根本任务,必须继续加强学生的道德教育。面对中国今天的飞速发展、经济建设的巨大成就、科技的迅猛行进,身处于信息大爆炸漩涡的网络原住民——新时代的大学生容易产生价值选择的错乱,尤其是自媒体的盛行,光怪陆离的行为选择被放大、被关注,颠覆了大学生的原有价值观认知,在各种思想思潮的交流交锋中,大学生也被享乐主义、利己主义等文化侵袭着。面对如此纷繁复杂、万花筒般的世界,如果大学生不能够坚定地树立起正确的世界观、人生观、价值观,就有可能迷失方向,亦很难担当起民族复兴之大任,更何谈成为社会主义的建设者和接班人。

落实立德树人根本任务,必须加强中华优秀传统文化教育。中华优秀传统文化是崇德的文化。要通过"双创"实现中华优秀传统文化的现代性发展,把文化教育摆在突出的位置上来,使大学生知其来路,明确其合理内核,认真汲取其思想精华与道德精华,从而牢固地树立起价值观自信与文化自信。

落实立德树人根本任务,必须建立科学的教育评价体系。教育评价体系是引导教育事业发展的指挥棒,有什么样的教育评价体系就会衍生出什么样的教育发展方向。落实立德树人的根本任务,就要深化教育体制改革,破除"五唯"(唯论文、唯帽子、唯职称、唯学历、唯奖项),建立育人为本的教育政绩观和教育评价观。

落实"立德树人"能够有效推动新时代高校思想政治理论课体系建设的创新,从而更好地培养德智体美全面发展的优秀人才,提高教学质量和水平。

（二）构建"大思政"育人理念

现代社会日新月异、瞬息万变，教育场域深刻变迁，身处于知识大爆炸之中的教育对象也呈现出各种各样新的特点，这对承担着立德树人根本任务的高等教育提出了新的更高要求。

1. 构建思政课程和课程思政协同育人体系面临的挑战

古今中外，大学均承担着育才与育德的双重属性，无论是专业课、通识课，亦或思想政治理论课均如此，虽然课程内容各有不同，但均有育人的共同指向。然而，在长期的教育教学工作中，教书与育人却存在着认知、行为层面的一定程度的割裂，从教育教学实际到高校管理层面均存在着某些思想的误区与成见，把育人工作划定为学生工作者与思想政治理论课教师的专属，由此也就很难在高校内部形成"三全育人"的最大合力，专业课与通识课的育人功能发挥不出来，文化浸润效用很难相得益彰地发挥，由此，思想政治理论课成为课堂中的育人独角戏，更显势单力薄。可见，构建起思政课程与课程思政的协同育人体系，当前依然面临重重挑战。其挑战主要有以下方面。

一是思想认识与顶层设计方面。部分教师依然存在重知识传授、轻价值引领的思想意识，对专业课程内容的思政要素挖掘不够，对于课程思政工作不够重视，认为专业课程教学中没有开展思想政治教育的必要性和可能性；教学部门和教师之间的教学合力、协同育人效应没有完全形成，课程思政工作推动仍需加强；课程思政课堂教学研究和资源建设较成熟，但专业实践教学方面的课程思政研究和实践并不系统成熟。

二是实施效果与评价体系方面。教学艺术与方法、课程思政实施效果尚待进一步提高。专业课教师是大学生大学四年中接触最多的教师，而且其专业性更易获得学生信赖，更易树立起威信，言传与身教的影响力均显著。然而，一些专业课教师不善于挖掘课程本身的思想政治教育要素，不能够灵活结合当前政治、经济和社会热点问题，在教学中或生硬拔高，或生搬硬套，使课程思政的内容与专业课程内容相互割裂，呈现"两层皮"的现象，这些都严重消解了课程思政的实施效果。此外，评价体系和考核标准需要继续完善。"课程思政"的相关评比及奖励机制虽已经建立，但还没有完全纳入教师考核体系，具体衡量指标还需细化，这些也影响了课程思政的实施成效。

三是思政课程与课程思政队伍建设方面。部分专业教师只钻研自己专业，对思想政治教育原理与规律认识不深，学习不够，相关业务能力不强，"只教书不育德"，感觉课程思政工作无从下手，亦有部分专业课教师始终认为教好专业知识才是其本职工作，将思想政治工作束之高阁，使该项工作的主体限于思想政治理论课教师、辅导员、团委教师等单兵作战，思想政治工作从"专人"到"人人"的育德能力和育德意识有待提高。

2. 落实思政课程和课程思政协同育人的关键

思政课程，即高校思想政治理论课，是课程德育中系统进行思想政治教育的课程，是课程德育的主渠道。新时代的"00后"大学生，世界观人生观价值观尚处于形成、完善阶段，好奇心、求知欲强，又处在网络的最前沿，很容易受到影响，他们是当仁不让的"数字居民"、网络原住民，身处于信息爆炸、碎片化阅读漩涡之中，一方面关注事态发展，另一方面又被纷至沓来的各色信息所裹挟。这就决定了思想政治理论课必须有"位"而有"为"，时时处处"在场"，授课教师应从"高高在上"的理论宣讲走下"神坛"，从学生广泛关注的专题内容入手，因事、因时、因势而为，及时并有效地成为学生关注问题的思想引领者，真正做到对于学生科学认知国情与世情的有"为"，这是对大学生主体需要的一种回应与满足，也是高等教育为国育人、为党育才的教育使命使然。鉴于此，迫切需要建立"网上"与"网下"相统一、"课上"与"课下"相统一、"理论"与"实践"相统一的"大思政"育人格局，实现显性教育与隐性教育的融合、多元育人主体的联动发力，从而创新推动"课程思政"与"思政课程"同向同行。

"课程思政实质是一种课程观，不是增开一门课，也不是增设一项活动，而是将高校思想政治教育融入课程教学和改革的各环节、各方面，实现立德树人润物无声。"① 课程思政与思政课程的本质涵义都在于强调课程的思想政治教育功能，因而二者具有内在的本质联系，需要把二者有机结合起来，形成理念协同、内容协同、教师协同、教法协同、管理协同等协同效应。

协同育人的核心在于理念协同。思政课程和课程思政都担负着传递知识和塑造价值的育人功能，是一种共融共生的关系。"育人为本，德育为先"思政课程

---

① 高德毅，宗爱东. 课程思政：有效发挥课堂育人主渠道作用的必然选择[J]. 思想理论教育导刊，2017（01）：31-34.

和课程思政强调协同发挥思想政治教育功能，注重塑造健康人格，培育优良德行。为此，在课程内容优化、方法选择、学生培养等方面都要全面落实立德树人根本任务，引导学生形成正确的"三观"。同时，思政课程和课程思政都具有知识性，教育内容都以知识形态存在，都以传递知识为重要的教育方式。因此，课堂内容选择、课程教学设计等都要结合学生特点和知识需求有针对性地进行，寓价值引导于知识传授之中，做到价值性和知识性相统一，促进学生的德智并举、全面发展。

同频共振的基础在于内容协同。内容协同主要强调思想政治理论课课程和其他课程彼此资源的相互挖掘、协同运行。一方面，思想政治理论课课程要充分挖掘其他课程的资源，找到其与思政元素的结合点，从而为己所用。例如，古诗词中蕴含的家国情怀、经典名著中倡导的伦理规范、名人传记中体现的理想追求等都是非常值得挖掘的课程资源。另一方面，其他课程要善于升华课程思政的教育主题，将知识教育升华到观念引领、价值塑造上来，如在自然科学的讲授中强调科技伦理、科技报国，在实操技术的讲解中融入爱岗敬业、服务群众，在文艺创作的指导中坚持关注现实、关心人民，在体育项目的训练中倡导自强不息、为国争光。

同向而行的关键在于教师协同。上好思想政治理论课的关键在教师，发挥课程思政的作用也要靠教师。教师协同主要倡导思想政治理论课教师和其他课程教师要提高认识、加强联动。一方面，思想政治理论课教师和其他课程教师都要加强理论学习，提升思想境界，坚定政治立场；要提高道德修养，深刻认识立德树人的重要性，认识思政课程和课程思政的协同性。另一方面，思想政治理论课教师在坚持价值塑造的同时要做到守正与创新的统一，不断优化思想政治教育内容，增强科学性、专业性，做到政治性与学理性相统一；专业课教师在夯实专业基础、提升专业技能的同时，要潜心挖掘专业课程蕴含的思想政治教育元素，加强对专业课程的思想政治教育功能的认识与利用，做到知识性与价值性相统一。

融合发展的路径在于教法协同。思想政治理论课教师和其他课程教师要相互借鉴教学方法，做到优势互补，具体要注意以下几个方面。一是坚持理论性和实践性相统一，联系实际讲解理论，运用理论指导实践，把教室小课堂同社会大课堂结合起来。二是坚持统一性和多样性相统一，在遵循课程设置规范、教学大纲要求的基础上，结合学生认识特点和发展规律进行教学，增强教学的针对性和实效性。三是坚持主导性和主体性相统一，在充分发挥教师主导作用的同时，尊重学生的主体地位，加强与学生的沟通交流，创新课堂教学方式，引导学生积极参与课堂翻转。四是坚持灌输性和启发性相统一，在注重理论讲解的同时，启发学生深入思考，引导学生提出问题、分析问题、解决问题，做到学思结合。五是坚持线上教学和线下教学相统一。在主导线下课堂，在当面释疑解惑、增强感染力与引导力的同时，占领网络高地，开展线上教学，完成课前课后资料推送，密切追踪学生学习轨迹，及时了解学生思想动态。

协同运行的保障在于管理协同。管理协同的含义是学校要为思政课程和课程思政协同发展提供制度保障，具体包括以下几个方面。首先，学校党委要树立大思政格局，贯彻思政课程和课程思政协同育人理念，统筹学校其他职能部门多方联动，落实思政课程和课程思政协同发展计划。其次，学校要在教学资料提供、会议培训开展、教学团队组建、示范课程推广等方面给予切实支持，推动思政课程和课程思政协同发展方案的落实。最后，学校要健全以学生为主，分管领导、教学督导、同行教师为辅的综合评价体系，综合评价思政课程与课程思政协同育人的效果，对于协同教育中教学实效较高、科研成果较多的教师予以奖励，从而促进思政课程与课程思政协同发展。

思政课程和课程思政的育人目标是一致的，具有协同的可能性。同时，思政课程是立德树人的主阵地，属于显性教育；课程思政是立德树人的大场域，属于隐性教育。二者的差别也是存在的，具有协同的必要性。推动思政课程和课程思政协同育人是新时代落实立德树人根本任务的重要途径。而思政课程与课程思政协同效应的发挥，必须把握两者协同的关键要素，在理念、内容、教师、教法、管理上寻找契合点，促进思政课程和课程思政同向同行、共振和鸣。

3. 构建思政课程和课程思政协同育人体系的持续改进措施

新时代新要求，高校思想政治工作要因时而进、因势而新、因事而化，不断改进和加强思想政治教育的针对性和实效性。

一是加强思想政治理论课建设，充分发挥其立德树人的主阵地作用。积极推广运用新兴的现代信息教育技术手段，推进优质网络课程资源建设，改革教育教学方法，建设理念科学、形式多样、效果显著的思想政治理论课课程教学体系，实现"网上"与"网下""课上"与"课下"的相得益彰与巩固提升；同时，注重理论与实践相结合，强化实践教学，培育学生理论骨干和指导理论社团，提升校园文化建设的理论品质，以第二课堂建设筑牢理论课堂的"主阵地"地位；另外，改革思想政治理论课学习评价方式，优化课程考核方式与试卷题型结构，构建科学合理的综合评价体系。

二是完善通识教育课程体系，开发一批成体系、有深度的"课程思政"系列通识课。通过深入分析已开设课程类型、选课情况、课程内容、思政元素、受众学生、课后反馈等数据，找准课程定位，充分整合校内外通识类师资资源、课程资源，打造开发一批既具有鲜明意识形态属性和育人功能，又具有时代特征、符合新时代大学生主体需求的通识系列课程。

三是落实立德树人根本任务，不断创新专业课育人模式。各专业课教师要深入挖掘课程蕴含的育人元素，在专业课知识讲授与专业能力培养中凸显育人导向，厚植家国情怀，传播爱党、爱国、爱社会主义等积极向上的正能量，进一步培养科学家精神与工匠精神，不断提升职业道德、职业素养，让立德树人育人理念浸润到教育教学全过程。各专业要为"课程思政"建设制定任务书，绘制线路图，明确时间表，将专业课程的育人功能落实到人才培养方案、课程标准修订、教材内容完善、教案撰写、课堂教学传授、教学评价等各环节，让所有专业课程都能彰显育人价值，发挥育人实效。

四是加强师资队伍建设，着力提升教师的育德意识和育德能力。实施课程思政与思政课程建设的关键均在教师，紧紧抓住教师队伍的思想建设与课程能力建设的主线，深化全员育人意识，使得各类课程与思政课程同向同行，形成协同效应，构建全员全程全方位育人大格局。在专业建设上提升有效育人能力，转变教师重知识传授轻价值引领的观念，引导教师树立"课程思政"的理念，让所有教师、所有课程都承担好育人责任，守好自己的那段渠、种好自己的责任田，共同培养社会主义事业合格建设者和可靠接班人。

通过构建"大思政"育人理念，有效实现思政课程和课程思政协同育人体系的建设，充分促进新时代高校思想政治理论课体系建设的创新。

二、新时代高校思想政治理论课教学方法创新

通过对新时代高校思想政治理论课教学方法的创新，提高新时代高校思想政

治理论课的吸引力和实效性，更好地实现全员、全过程、全方位育人，进而有效推动新时代高校思想政治理论课体系建设的创新，提高教学质量和水平。

（一）情境式教学：实现主导性和主体性的统一

情境式教学在思想政治理论课中的运用具有积极性，它在激发学生学习的主体性、满足学生自我实现的需求、培养学生的创新能力等方面发挥重要作用。

1.情境式教学方法的内涵与特征

高校要对大学生进行政治素质、人文素质的培养，自然离不开思想政治理论课程的主渠道作用。发挥思想政治理论课程主渠道的显性作用，提升教育水平，增强教育效果，显得更为重要。

（1）情境式教学方法的内涵

情境式教学是我国近年来在高校思想政治理论课上较多采用的一种教学模式，它是适应时代发展潮流、符合大学生身心发展的要求，是学生积极主动学习的过程，强调以学生为主体，强调学生在学习的过程中实现对所学理论的认同并转化为价值认同。

情境式教学作为一种新的教学理念的教学设计，是为了达到特定的教学目标，而对学习什么、怎么教学，达到一种什么教学效果进行的教学策划与构建。所谓情境式教学，指的是在教学过程中为了达到既定的教学目的，从教学需要出发，制造或创设与教学内容相适应的场景或氛围，引起学生的情感体验，帮助学生迅速而正确地理解教学内容，促进他们的心理机能全面和谐发展。它是一种特定的师生交往方式，主要是以师生之间或学生之间的互动参与行为作为其基本教学活动方式。情境式教学方法是在强调学生主体性和个体差异性的原则上，倡导学生参与教学过程，鼓励学生积极主动为教学设计出谋划策，实现教学设计多样化与互动化，进而提升教学效果，力求达到提高学生综合素质，促进学生健康和长远发展的一种教学设计。情境式教学通过问题情境或现实情境的创设，帮助学生在探究实践或解决问题的过程中自主地理解知识、建构意义，运用具体生动的场景，以激起学生主动的学习兴趣、提高学习效率的一种教学方法。也就是说，情境式教学使学生更加注重学习的步骤、学习的方法和过程，注重学生获得知识的途径和能力的培养。这种教学方法不是不注重结果，只是更加强调在过程中获得结果。教师在教学过程中对于学生起到引领、帮助、促进的作用。情境式教学的根本特征是主体性，它的运用既符合现代教学理念的创新，同时也符合思想政治理论课教学的本质认识，更符合学生思想认识发展规律。

必须指出的是，思想政治理论课情境式教学对于转变思想政治理论课教师教学观念和学生学习观念，对于激发学生学习兴趣，获得具有吸引力的思想政治理论课教学效果，提高大学生的综合素质与高校教师的教学水平以及增进高校师生之间的情感交流具有十分重要的现实意义。因此，思想政治理论课要想成为深受学生喜爱的课程，实现教学目标，情境式教学无疑是一种创新的教学方法。

（2）情境式教学方法的特征

相较于传统教学情境式教学方法有着明显的特征，其表现为以下几点。

第一，教学主体由单一的教师主导转移到师生互为主客体。在情境式教学背景下，由原来传统教学过程中以教师为主体转向为师生平等、共同参与教学的主客体。学生可以敞开心扉、沟通交流，实现理论知识内化于心。教师依据教学目标和教学内容，对整个教学过程进行组织设计，教师需要思考在教学过程中如何更好地引导和启发学生进行学习，激发学生的学习兴趣和热情，不断促进学生朝着教学目标的方向发展。

第二，教师由单纯的知识传授转换为组织引导。在情境式教学中，教师不仅仅是知识的传授者，更是教学的组织者和调控者。由于思想政治理论课具有严肃的政治性和意识形态性等特殊性，因此，决定了教师依然是教学的主导者，教师的教学责任依然十分重要。教师在情境式教学中，要根据教学目标和学生在互动中反馈的信息，自觉地适当地调整教学内容和教学环节，引导学生按照预先设计的教学过程参与学习，避免课堂教学管理失控。

第三，学生学习由被动灌输转变为主动参与。情境式教学方法最主要的特征即鼓励学生积极主动地融入教学活动，参与到教学过程中来，成为教学的主体，从而体会自主学习的乐趣。在情境式教学下，学生通过沟通交流、分享体会学习经验，会激发浓厚的学习兴趣，获得满满的成就感。同时，通过情境式教学的互动，不仅能使学生善于发现问题、解决问题，还能使学生的实践能力得到锻炼和提高。

2. 情境式教学方法应用于思政课教学实践的逻辑前提

（1）顺应高校思想政治理论课教学改革的趋势

在全球化的大背景下，在社会转型中出现一些消极现象。长期以来，我国高校思想政治理论教育形成了较为固定的授课方式,即"以教师为中心、以课堂为中心、以教材为中心"的"一言堂"的传统教学方法,但随着时代的发展变化,传统教学方法的弊端日益凸显。在新形势下,为提高教学质量和教学实效性,就要对教学方法不断改革,不断创新和发展。思想政治理论课对培养当代大学生成长成才承担着重要的责任,因此,思想政治理论课的教学改革势在必行,情境式教学方法给高校思想政治理论课的教学方法改革带来了全新的思维视角。高校思想政治理论课历来受到国家的高度重视,高校投入了大量的时间和精力,通过各种手段进行教学改革,试图提升教学质量,增加学生的获得感,但传统教学以"教师为中心"的教学方式,已经不能满足学生的多元化需求,"填鸭式"的灌输教学方法单一,缺少师生互动,课堂缺乏吸引力,学生在思想政治理论课堂上参与度不够,热情不高,很难与老师产生共鸣。另外,思想政治理论课大多数采用大班授课,课堂教学缺乏针对性,教师对学生的思想状况一以概之,忽略学生的差异性,同样的教学内容用于不同专业的学生,缺少实效性,很难提升教学质量和学生的获得感。因此,采用情境式教学可以突破传统教学方法,为思想政治理论课教学方法改革提供新的视角,提供一种可选择的方案。

(2)培养高素质学生的必然要求

在新形势下,国家和社会对人才的综合素质的要求不断提升,尤其要求大学生应具有良好的思想政治素养。当代大学生是在改革开放事业走向深入,在国家经济社会快速发展,同时各种矛盾冲突凸显、价值观念不断碰撞、网络信息突飞猛进的时代成长起来的新一代大学生,他们是有思想、有个性,但又存在着信仰迷失、思想迷惑的一代人,面对这样的群体,如果还是简单运用传统教学方法是远远不够的。同时,在社会发展过程中,大学生会接触到各种新的思想和观念,面对良莠不齐的社会现象和观念,学生如果没有良好的素质很难明辨是非。思想政治理论课具有鲜明的阶级性、意识形态性和价值取向性,它通过理论的学习,对学生的思想和心理施加影响,引发学生认知的变化和思想境界的提升,形成正确的思维方式、价值取向和独立的人格,使学生具有符合国家意志的思想政治素养。思想政治理论课不只是知识的简单记忆和重构,而是在知识学习的基础上,构建学生精神世界,这个过程不会自然形成,也不会在外力作用下被迫形成,而是内心世界对外界信息刺激的接受和认同。因此,在教学过程中,教师可采用情境式教学设计，组织一些教学活动，有目的地进行引导。需要教师在教学的各个环节中坚持理论联系实际，使学生以主体的身份参与教学过程，激发学生学习的积极性和创造性，调动学生学习和思考的兴趣，用学习的理论和原理分析问题、解决问题和发现问题，这些问题能够让学生在思想交流、交融，甚至碰撞中明辨是非，形成独立之思想、批判之思维和独立之人格，从而提高学生素质，这是培养高素质人才的必然的选择和要求。

（3）提升思想政治理论课吸引力和实效性的需要

高校思想政治理论课是对大学生进行马克思主义理论和思想政治教育的主渠道和主阵地。在高校思想政治理论课教学中，实效性是其生命线，而作为传播、宣传马克思主义理论意识形态和理论成果的思想政治理论课教材体系，尤其以严谨的甚至是枯燥的"文件语言"表达方式或"模式化"和"权威性"的话语体系为主。在传统的教学体系中，我们一直比较盲目乐观地夸大理论理性的力量，并相信只要凭理论的科学性、真理性，就能解决学生面对的精神动力不足的问题，但事实上，仅凭空洞的说教，哪怕是很高明的权威的说教都不能够使学生对思想政治理论课产生学习兴趣。同时，当前我国高校思想政治理论课教学普遍存在合班讲大课的授课方式，课堂教学效果大打折扣，由此可见，高校思想政治教育的实际情况，并不能满足新形势下国家和社会的迫切需求，对学生长远发展也有较大影响，特别是随着全球化的不断发展，越来越多的思想意识形态和价值观念不断涌入，影响着大学生的思想意识，各种鱼目混珠的社会信息通过日益强大的媒体不断传播，不断冲击着社会大众的心理，在一定程度上也对大学生的思想和价值观念造成影响，思想政治理论课的实效性面临着严峻的挑战。因此，教师通过在教学中采用情境式教学方法，能够增强思想政治理论课程的知识性、新颖性和趣味性，给枯燥、刻板的理论教学带来灵气，真正使得教育者与受教育者融为一体，使马克思主义理论真正走进学生头脑和内心，使思想政治理论课成为学生真心喜爱、受益终身的课程。教师用"晓之以理"的方式把正确的认知传授给学生，学生心灵才能受到感触，学生才会接受认知，才会坚定意志信念，追求正义和真理，把内在的品德化为自觉的行动。学生主动参与、亲身参与，通过讨论、交流、审视、比较、辨别和理性选择，从而形成正确认知和观念，实现教学效果。

（4）提高思想政治理论课教师素质和教学质量的必然选择

教学质量是教学的生命，提高教学质量的关键是教师的能力和素质。在高校思想政治理论课开展情境式教学改革，对教师的知识素养、管理能力、信息化水平等提出了更高的要求。通过思想政治理论课课程情境式教学设计的运用和实践，可以让教师拓展知识和能力的发展空间，提升教师的业务素质，充分调动教师的教学积极性。同时，教师在情境式教学工作中不断总结和推广成功经验并对教学工作中存在的不足及时纠正和改进，从而促使教师不断探索和尝试新的教学方法，积极推动思想政治理论课教学方法的改革，营造一种积极的、注重教学、热爱教学、追求卓越的氛围，促进思想政治理论课教学质量和水平的不断提高。情境式教学方法作为一种新生事物，强调大学生积极主动的学习，目的在于提高学生的学习兴趣，这就要求教师要重新定位角色，由知识的传授者变为学习的引导者、促进者，加强人文关怀，体现思想政治理论课立德树人的本质要求，这也使得高校思想政治理论课教师面对巨大的挑战。教师要顺势而为，积极提升自身综合素质，满足教学对象的需求。"打铁还需自身硬"，高校思想政治理论课教师要有时代使命感，注重自身教学能力的提高，从而确保教学的高质量高效率。

3. 情境式教学方法在思政课教学实践中的创新路径

传统的思想政治理论课教学方法缺乏实效性的一个重要原因在于教师向学生实施单一向度的教育，缺乏一种平等的双向交流与沟通。情境式教学方法能够实现师生间的交流与沟通对话，师生才可能向对方敞开心扉、彼此接纳、无拘无束地互动交流，才能切实解决学生的实际思想问题。

（1）情境式教学方法创建的"三个原则"

①开放性原则

当前大学生在思想政治理论课学习中最突出的困惑是"为什么学"。以学生为本，就是要以情境式教学为切入点，从学生的思想实际和需要出发。"在行中学"与"在学中行"相结合的素质教育与科学育人模式的教学活动，使学生在学习过程中感受理论学习的魅力，认识到马克思主义理论学习对其社会适应能力的影响，对个人成才的重要性，从而提高其学习积极性。

②交互性原则

有效的学习是教师和学生、学生和学生之间的交流过程，也是教师、学生、教学资源三者之间的交互促进的过程。教师、学生、教学资源三者的相互促进能够促使学生不仅收获了理论知识，而且在能力上也得到极大地提升。情境式教学方法的运用必须为学生提供相互交流的、协作的学习环境，如鼓励学生通过小组讨论实现知识共享、经验交流、协作对话等，同时教师应充分研究和利用教学资源提供讨论主题，提供互动途径，引导学生积极参与讨论，教师及时提供反馈信息完成互动。

③主体性原则

思想政治理论课课程教学资源不仅仅是信息的堆积、展示，也不仅仅满足学生的被动学习，而是希望学生能够主动学习，从而达到思想政治理论课教学内容入脑入心。通过设计各种教学情境来满足学生学习需求，做学习的主人，要达到这一点，就必须创设各种丰富多样的学习情境，进而营造浓厚的学习氛围，引导学生沉浸于其中，达到较好的教学效果。

（2）情境式教学方法创建的"三个情境"

①创设虚拟情境

所谓创设虚拟情境就是在教学过程中，模拟某种具体的或典型的场景，让学生对模拟情境中展示出来的问题情境进行思考、评析，从而通过创设问题情境，把知识与学生的日常经验发生互联，引发学生新旧思想观念的碰撞，并激发学生的好奇心和求知欲。当前中国，处在社会转型期、改革攻坚期、矛盾凸显期，学生对社会转型期社会现象和矛盾的思考会形成很多问题和困惑。能否正确认识和理解这些问题，直接关系到学生对思想政治理论课的认同度和思想政治理论课的实效性。因此，思想政治理论课要让学生通过创设的问题情境，让学生有问题意识，并参与其中展开教学。例如，教师可以通过设问、提问、沟通等方式。设问就是教师设计问题情境，让学生带着问题随着理论的展开寻找答案，学生由迷惑到明白的过程，就是学习和掌握马克思主义理论的过程。提问就是针对讲授的理论向学生提出相应的问题，再引导学生正确地认识矛盾和问题，有针对性地解决学生的思想困惑和错误认识。讨论就是针对热点问题，通过专题讨论，让学生在争辩中加强正确认识，纠正含糊认识，改正错误认识。学生在情境式教学中，通过查找资料，学习了理论知识；通过争辩形成了辩证的思维方式；通过思考形成了正确的世界观和方法论。创设虚拟问题情境，还创造了学生参与民主教学的氛围，提升了教学效果。

②再现真实情境

所谓再现真实情境就是把已经发生的事实经过组织重新呈现出来的教学过程。这种呈现不是简单意义上的举例说明或者完整复述事情的经过，而是要求教师必须将各种细节以恰当的方式，如语气的变化、动作配合，以及加强多媒体手段的渲染，引起学生的重视，让他们有身临其境的感觉，从而让学生对事实的始末有较为详细的了解，并能做出合理的判断和对事情的剖析，达到更高的理论上的要求。之所以强调再现情境，不仅仅因为它有助于学生了解事实，也因为精彩的呈现能够吸引学生的注意力，这在日常课堂教学中十分重要。因为在教学中，教师常会举一些古今中外的事例来论证某个观点，如果教师能够对这些事例和故事进行精细加工，并以各种手段进行讲述，必然会取得意外的良好效果，甚至会吸引上课不注意听讲的同学重新关注课堂教学内容。

③构建现场情境

所谓构建现场情境就是课堂中以组织活动的形式或以突发的情况作为事例来进行教学的一种设计。现场情境的设计考验着教师的组织能力和应变能力，如果这个手段和设计能够运用得当，它既能活跃课堂气氛，拓展教学内容，又能训练学生的思维能力，提高学生分析和解决问题的能力。教师在课堂中对于创设现场情境可以采用以下几种形式设计。

课堂辩论。课堂辩论就是教师根据课程教学内容，联系现实生活中的实际问题列出辩论题目，让学生在班内以小组为单位选择辩论主题，通过小组成员课后查阅资料、小组讨论、撰写辩论提纲后，在规定时间进行辩论。这种教学设计一方面考核学生对基本理论知识的掌握状况，引导学生主动运用所把握的基本立场、基本观点、认识、分析和思考、解决问题；另一方面又考查了学生的自学能力、采集和处理信息能力、分析判断能力、语言表达能力、合作交流和创新能力等综合素质。

学生模拟教学。学生模拟教学设计就是选取教材中的某一个专题或某一章节的部分内容组织学生开展模拟教学的一种形式。在教学专题及教学内容的选择上，教师应充分考虑学生的实际状况，选择理论与实际相结合的教学内容，让学生结合自己切身体会的事实和案例等，启发学生积极思考。教师需提前把这项工作布置给学生，让学生有充分的时间收集资料，准备课程，同时教师要进一步设计好引导问题和总结环节，以利于学生更加深刻理解教学内容，深化理论上的理解。

通过这样的教学模拟活动，可以强化学生学习理论的主动意识，从而达成思想政治理论课"三进"的教学目标。

分析课堂现场的突发情况。在日常教学过程中，会有突发情况，如有学生提出的问题教师没有任何思想准备，一时无法回答。针对这一情况，教师应避免仓促回答，可以首先承认自己暂时无法提供合理答案，并适时地把问题引向其他同学，让大家围绕这个问题来进行讨论。即使没有获得答案，但是这个讨论过程本身就是一次有趣的思想经历，学生在这个过程中，会碰撞出精彩的思想火花。

（3）情境式教学方法创建的"三个实现"

①完善情境式教学设计，实现思政课育人有温度

第一，关注热门话题和学生特点。以当下最热门的话题及时事热点为话题，导引出课程内容。在教学内容充分理解的基础上，以教学目标为核心，设计规划教学内容，并要充分了解学生的知识程度与接受能力，选择适合学生的话题展开讨论，使每一个学生参与其中。教师既要让学生了解到更多书本之外的知识，又要调动学生学习的积极性，充分表达自己的所思所想，达到参与思考之目的。根据学生的个性及专业特点，合理安排课程讨论学习内容。根据学生的性格特点，合理安排学习小组，尽量让性格偏内向的学生与性格外向的学生组合在一起，增强学生团队意识，合理分工讨论学习内容，互帮互助，取长补短，达到学生参与学习的目的，力求教学效果最大化。

②拓展情境式教学内容，实现思政课育人全方位

第一，细致设计教学内容。在课堂上，教师应结合教学内容，细致设计教学方案，突出重点难点问题。例如，可以通过提问的方式复习上节课所学内容，进而引入新的教学内容；或引用名人名言、哲理故事等阐释相关教学内容。根据不同教学内容，具体问题具体分析，选择不同的教学方式，例如专题参与、辩论参与、案例分析参与等，多角度切入，多方式设计。

第二，掌握课堂节奏。根据教学内容的具体情况，掌握课堂节奏。学生是学习的主体，教师是学生学习的引导者。在课堂上，教师要针对教学内容认真设计教学参与和研究的论题，引导学生思考，使其更加准确理解学习内容，耐心指导，掌控课堂教与学的节奏，使其更好地认同与理解思想政治理论课的教学意义，从而达到良好的教学效果。

③提高教师能力素质，实现思政课育人主动性

在教学过程中，教师既是教学的组织者，又是参与者，教师应不断提升自身能力，通过不断加强理论知识学习和研究，将自己的实践经验与理论学习研究的成果相结合，并对教学内容进行合理的整理与分析，以扎实的理论为基础，分析研究教学内容要求，以丰富多样的教学形式，将教学内容展现在学生面前，以促进学生更快进入学习状态，更加彻底地接受教学内容。将抽象深奥的理论转变为深入浅出、通俗易懂的学习内容，这需要教师具备多方面的综合素质能力。思想政治理论课教师只有对有关理论有深入的研究，才能真懂，只有真懂才能真信，只有真信才能真用，只有真用才能把思想化为日常的言语行动，把理论转化为自身的政治素质，才能潜移默化地影响学生。同时，为不断提升思想政治理论课教师的能力素质，还应建立长效的思想政治理论课教师能力提升机制，加强教师能力培训，如进行理论培训、专题培训、心理学和教育学培训和信息化培训等。

在思想政治理论课教学中，单纯的理论教育形式严重缺乏学习趣味性，对于学生的学习兴趣，提高学习效果，具有非常消极的影响。因此，在教学形式上，要求教师应当建立有趣味性及情境式的教学方法，鼓励学生发展成为学习上的交际型人才，教师在鼓励学生参与课程学习中，可以锻炼学生的团队合作、语言表达等能力。通过理论与实践相结合的教学方法，在设计的模拟情境中，通过教师适当引导，使学生在理论学习过程中，能够自发进行学习和深层的分析，使学生真切体会理论的吸引力和感染力，其效果要比教师的一味讲授好很多，因此应当把鼓励学生主动参与学习作为重点教学目的，通过教师的合理设计参与的论题，平等交流，沟通学习经验和方法，更好地提高学生的学习积极性和互动性，激发学生学习理论的热情和兴趣，从而全面提升教学效果。

情境式教学的优势在于能够将理论知识与实际情境相结合，使学生在亲身体验中加深对知识的理解和应用。同时，情境式教学能够激发学生的学习兴趣和探究欲望，促进其思维的发展和情感的升华。因此，通过情境式教学实现新时代高校思想政治理论课体系建设的创新是可行的有效的方法之一。

（二）研讨式教学：实现建设性与批判性的统一

造就未来社会需要的知识、能力、素质兼备并具有开拓创新、积极探索精神

的人才，不是一蹴而就的，有一个逐渐培养、成长的过程。在思政课教学中运用研讨式教学方法可以为学生提供发挥的空间和舞台，引导学生探索和求知，有利于学生形成批判性思维，对提高学生综合素质具有显著效果。

1. 研讨式教学方法的内涵及特征

（1）研讨式教学方法的内涵

研讨式教学是一种基于互动教学理论，注重发挥学生批判精神的教学方式。它是在教师教学实践过程中根据教学大纲的基本要求和"00后"大学生身心特点和思想需求，深耕教材，提炼出教材重点、社会热点和大学生关心的焦点问题，把问题研究、讨论贯穿于教学过程，引导学生进行深入研讨，强调学生要主动参与问题探究，提出自己的观点，运用理论分析和解决问题的一种教学方法。

思想政治教育理论课研讨式教学方法打破了传统教学中授课的方式，具有针对性、开放性和探究性的特征，是一种重在培养学生自主能力和创新、批判精神的教学方法。研讨式教学是能够使学生在知识积累的基础上进行积极的独立的思考，具有引导学生独立深刻思考功能的教学方法。

（2）研讨式教学方法的特征

研讨式教学方法与原有传统教学方法相比较，具有明显的优势与特征，其表现为以下几点。

其一，针对性。在以往的教学过程中，特别强调与教材和教学计划内容的一致性，偏重知识传授的完整性、系统性，加之某些高校思想政治教育课理论教学内容多，课时较多，很难做到对一个问题进行深入全面的解读，这直接削弱了教学的实效性和针对性。而研讨式教学在教学内容上，重点突出，主题鲜明，对一个研讨问题和专题从不同侧面多层次、多角度进行教学，同时能够将理论与社会热点、学生所关心的问题进行有机结合。这既可以从系统中挑选当下最适合开展的研讨，也可以根据社会热点，重新构建教学内容，体现出教学的针对性。

其二，探究性。研讨式教学的探究性主要体现在教学目标中。思想政治教育可分阶段分层次开展，需要根据受教育者知识结构的不同，调整不同的教学目标。在教学过程中，教师备课思路清晰明了，学生学习易于"消化、吸收"，从而大大提高了课堂效率。同时通过结合启发讲解、探究讨论以及课堂讨论的教学方式，让学生能够摆脱书本，真正懂得道理、学到知识，从而提高学生的思想政治水平。

另外，对于教师而言，研讨式教学可以兼顾科研和教学，将科研成果融入教学。

其三，开放性。研讨式教学具有很强的开放性，首先体现在教学方法上，研讨式教学并非单一的教学方法，而是一个多方法的综合体。依据研讨式教学的教学方法和手段的开放和灵活多样，根据不同的专题内容，教师可以在教学过程中选用主题式演讲、社会热点问题分析、课堂师生互动、场景教学等不同的方法，这样可以激发学生的参与热情，促使学生积极思考，还可以运用多媒体技术组织学生观看历史影像资料，加深学生对特定时期理论形成的认同。其次，体现在教学主体上，研讨式教学能够打破教师"满堂灌、学生被动听"的传统模式，使教师充分发挥自主权和创造力，调动学生的学习积极性。教学主客体的开放以及思想政治教育专题式教学，能够实现师生主客体适时变换。学生课前自主学习、查阅资料，课中教师引导学生，在讨论的过程中教师不仅是教师，同时也是学生的朋友，和学生成为良师益友的关系，以达到师生互动，最后在总结环节实现教师学生主客体再次转换。

2. 研讨式教学方法应用于思政课教学实践的逻辑前提

（1）教师观念的转变

当前的思想政治理论课教学不同于传统的教学模式，教师不能像传统的教学那样靠一支笔、一块黑板进行教学，在网络信息化时代，教师的角色更像是学生的引导者而不是主导者，教师不是高高在上，而是要做好服务，为学生更好地答疑解惑。教师只有明确了自身的角色定位，才能更好地发挥作用。另外，信息化社会的高速发展，知识更新的速度不断加快，新的知识不断补充，这就需要教师不断地学习，转变观念，不断提升自己的专业素质，只有这样才能把最新的理论知识传授给学生。

（2）坚持以学生为中心建设课程教学资源

学生是课程资源的使用者，只有他们认为教学资源是可用的、易用的、好用的，才能更好利用教学资源体现出思想政治理论课的价值，因此，在课程资源建设中，要以学生为中心，明确教学目标，将教学目标细化并突出教学难点、重点，将教学理论内容分解为"了解""掌握"等标准，使学生能够把握学习的重点，从而合理掌握学习内容。最后，合理设置学习流程。将案例或问题导入教学内容，创设学习情境，激发学生的兴趣，让学生带着问题去主动学习，并积极探讨。

（3）注重课程教学的情感性

在课程学习中，在设置认知目标、行为目标的同时，情感目标也要表现出来，尽量做到量化。在教学过程中，教学资源不仅要有文字的形式，还可以通过视频、图示等更为生动的形式表现出来，或是结合现实生活中的热点问题、实践中的焦点问题以故事、案例的方式出现。这种生动的、贴合实际的教学，才能让学生有强烈的情感体验，感觉这就是发生在身边的事，从而更乐于学习。另外，情境式教学还会通过交互实现情感的交流。通过学生之间的合作学习，学生不仅可以取长补短，共同进步，也可以加深学生之间的相互理解、相互熟悉，减少学习的孤独感，增进友谊，满足归属感。在学习交流合作中，学生是情绪感受、认知学习的主体，使整个学习过程中充满了浓厚的情感。

3. 研讨式教学方法在思政课教学实践中的创新路径

（1）研讨式教学方法创建的"三个原则"

研讨式教学方法的设计是教学实施的重要基础和前提条件，同时也是其重点和起点，这要求教师不仅熟悉教学内容，同时还需要对教材进行再整理和再创造，认真设计研讨专题和问题，达到突出重点、化解难点、解析热点的研讨式教学目标。研讨式教学方法的设计应遵循如下原则。

①坚持整合性和系统性原则

研讨式教学方法设计是对教材和教学内容进行二次创新、重新整合的过程，一方面，要在把握教材的基础上，突破原有的内容框架，重新对教材内容进行梳理、提炼和凝结，体现出对教材内容的整合性。同时还要不脱离系统性，在搭建知识结构时同样要注重研讨专题内外部的逻辑性和完整性，注重学科知识的条理性与关联性。因此，可以说研讨式教学方法设计要坚持整合性和系统性原则，立足教材又高于教材。

②坚持时代性和针对性原则

思想政治教育理论课程是一门需要随着思想政治教育环境变化与青年学生主体意识变化而不断发展更新的课程。所以，研讨式教学方法应该紧跟时代步伐，反映时代诉求，做到立意新颖、紧扣学生的思想变化；问题设置要有吸引力和说服力，突出时代精神和社会发展趋势。这样才能让研讨专题内容更具鲜活性，才能吸引学生，提升学生的学习热情，从而增强思想政治理论课的实效性。当然，在设计研讨专题内容时，还需要注意个性化差别，尤其是学生的专业背景，不同的专业背景，学生思想政治教育理论的学习基础就有所不同，因此需要考虑到学生的接受能力，因材施教，具有针对性。

③坚持实践性和应用性的原则

思想政治教育课程最终落脚点是指导学生的未来活动，因此不能光停留在理论层面，而是要具有应用性和实践性。所以，教师在选择研讨专题内容时要避免单纯从书本到书本、从理论到理论的做法，而应将课程的重点内容整合凝练成不同专题，尽量寻找理论与实践的结合点，即要选择现实社会中涉及的热点问题，如如何认识和解决社会不公，以及全球化等，这样就能够理论联系实际，结合现实生活中的案例来解读理论的具体应用，突出学以致用。

（2）研讨式教学方法创建的"五个环节"

以学生为中心的研讨式教学方法要通过教师精讲内容、师生探讨交流、教师点评引导、学生撰写心得、师生回顾总结等五个环节完成教学和学习任务。具体环节如下所述。

①教师精讲内容

研讨式教学方法的成功实施关键就在于教师在课堂中精讲内容，发挥好引导者和组织者的角色。教师在这一过程中需精准把握教学大纲，深刻理解教学内容的逻辑关系，只有对课程结构有清晰的认识，教师才能在教学中层层深入，避免遗漏关键知识点。理论知识的传递不仅仅是简单的信息输出，更需要在教学中进行融会贯通，使学生能够形成系统性的思考和理解。为了提升教学效果，丰富的素材和代表性案例也是不可或缺的支撑。教师可以通过引入实际案例，将理论知识与实际情境相结合，使学生更容易理解抽象的概念，并将知识运用到实际生活中。与此同时，教师应当注重与学生的情感交流。在课堂中营造轻松、互动的氛围，鼓励学生提出问题、分享看法，促使他们在讨论中加深对思想政治理论的理解。

②师生探讨交流

在研讨式教学中，师生探讨交流的核心在于提出问题，并对问题进行探讨，可以说这一环节的成功与否，就在于教师能否善于引导学生通过问题思考，以思辨作为主要的学习方式。在这个过程中，教师扮演着问题提出者和引导者的双重角色，教师需要根据学生对本课内容的掌握情况，提出具有启发性的问题，这些问题不仅要与课程内容相关，而且还要贴近学生的实际生活和兴趣，使学生在解答问题的过程中能够深入思考，达到真正的学习效果。提出问题的过程应当具有启发性和引导性，引导学生主动去思考、提出问题，并在探究问题的过程中自主学习。教师还应组织学生划分小组，让学生在研讨中以小组为单位，有组织地集体思考与讨论，将各自的真实想法充分表达出来。这种组织性的思考与讨论过程有助于学生深入理解课程内容，同时培养了学生团队协作和组织管理的能力。在这个过程中，学生不仅仅是知识的接受者，更是知识的创造者和传播者，从而在思辨中获取对思想政治理论的深刻理解。

③教师点评引导

仅仅进行师生探讨交流并不足以确保学生深入理解和有效学习，在这一教学环节完成后，教师的必要点评极为重要，这是保障教学效果的关键一步。教师通过点评的方式，不仅能够总结学生的探讨情况，还能对学生的思想和认识进行正确引导，从而增强学生学习思想政治理论课的效果。

在这个阶段，教师需全面了解学生在讨论中的表现，包括他们对课程内容的理解程度、对问题的深刻思考程度以及在团队协作中展现出来的能力等方面。通过对这些方面的点评，教师能够为学生提供具体、个性化的指导，帮助他们更好地理解课程内容，培养他们批判性思维和分析问题的能力。

在进行点评时，教师应确保点评目的明确，思路清晰，推理逐步深化，点评简明扼要。通过明确地指出学生在讨论中的优点和不足，以及对问题的理解程度，教师可以为学生提供具体的学习方向。这样的点评不仅帮助学生认识到自己在学习中的不足之处，也引导他们正确认识自身的问题，为后续的学习提供明确的改进方向。

④学生撰写心得

在研讨式五环教学法中，教师点评后的一项关键举措是要求学生对课堂内容进行回顾与思考，并将其写成心得作为平时作业。这个步骤的目的在于通过个人总结和表达，巩固并加深对思想政治理论课程学习内容的理解，从而使教学法能够更成功地落地。教师的点评是学生在讨论中表现的反馈，为他们指明了学习中的不足，而随后的心得撰写要求学生对课堂内容进行回顾与思考，这是对知识的再次深化和内化的过程。通过这个阶段，学生有机会从个人的角度出发，结合教学内容，进行深层次的思考和总结，从而提高对学习内容的理解深度。

⑤师生回顾总结

师生回顾总结环节是研讨式五环教学法的最后一步，旨在巩固并提高学生对思想政治理论课程的学习效果。这一环节涵盖了学生发言和教师总结两个重要阶段，通过对学生提交的心得进行批改，以及选择优秀代表性的小论文进行宣读，教师和学生在课堂上进行交流，旨在提升学生的学习效果。

首先，在学生发言阶段，通过选择优秀代表性的学生论文进行宣读，教师有机会展示学生在思想政治理论学习中的优异成果。这既是对学生认真思考和深刻表达的肯定，也是激发其他学生学习积极性的手段。在宣读过程中，学生有机会分享自己的观点，与同学们进行深入的讨论，从而促使整个班级在思考层面上取得更高的共识。在教师总结阶段，教师对学生的发言和心得进行综合性的总结。通过这个环节，教师能够深入了解学生对思想政治理论的理解和运用情况，同时为后续教学提供指导方向。总体而言，师生回顾总结环节通过学生的发言和教师的总结，搭建了一个促进思想交流、提高学术水平的平台，为培养学生的批判性思维和学术能力奠定了坚实基础。

研讨式教学的优势在于能够激发学生的学习兴趣和探究欲望，促进其自主学习和独立思考。通过分组研讨和课堂展示，可以培养学生的合作意识和沟通能力，提高其表达能力和思辨能力。同时，研讨式教学能够使教师更好地了解学生的思想动态和学习情况，针对学生的需求进行有针对性的指导和帮助。因此，通过研讨式教学也能够充分实现新时代高校思想政治理论课体系建设的创新。

（三）问题式教学：实现灌输性和启发性的统一

坚持以问题为导向，激活学生主体意识，这是多年来开展高校思想政治理论课教学方法改革的经验总结。问题式教学的开展和应用，能有效地激活学生的主体意识，提高学生的学习效果，使学生能够在教师的精心指导下，带着问题去听课，带着感情接受马克思主义理论，从而达到增强"四个自信"的教学目的，进而不断坚定学生的行动自觉。

1. 问题式教学方法的内涵与特征

（1）问题式教学方法的内涵

问题式教学最早始于"问题导向"。有学者认为，科学理论只是一种假说，都有可能是错误的，无论是通过内审还是观察，都不能直接获得真理。所以为了获得真理，我们只能猜测真理，也就是提出假说，然后通过实践检验假说，周而复始，让科学不断地进步。也就是说科学的发展就是不断发现问题、解决问题的过程。基于波普尔的问题理论，很多学者提出问题导向的研究或者问题式教学方法。

问题式教学方法最初应用于医学教育，基本观点是以学生为主体，用"问题"整合相关学习内容，使学生通过发现、分析和解决问题的方式完成知识建构的学习。其核心是教师以学生认知水平为出发点，围绕真实情境设计有逻辑、分层次、易启发的问题链条。

（2）问题式教学方法的特征

与传统教学方法相比，问题式教学方法具有自主性、启发性、探索性的特点，具体表现在以下几点。

①自主性

问题式教学驱动了学生学习的内源性动机，在问题式教学中，学生不得不参与教学活动，有一定的强制性，但是在收集资料和对资料进行总结和梳理的环节中，学生可以发挥自己的主动性和积极性，按照自己的思维习惯去整合材料，这些自主性都能够激发学生进行学习的内源性动机，从而提高学习效率。

②启发性

相较于灌输式教学方法，问题式教学方法更加突出问题导向。学生参与研讨课的过程就是不断"提出问题—分析问题—解决问题—进一步提出问题"的循环往复过程，在此过程中通过教师的积极引导更能引发学生深刻的思考，在启发中使学生得到水到渠成的结论，有助于提高思想政治理论课的教学实效，促进学生对正确世界观、人生观和价值观的认同。

2. 问题式教学方法应用于思政课教学实践的逻辑前提

新时代高校思想政治教育面对多种新问题、新情况与新任务，使高校思想政治理论课教学面临着新的挑战，需要结合思想政治教育新发展、新要求，突破思想政治理论课教学面临的问题、困难和挑战，实现思想政治理论课教学有效的改革，提升思想政治理论课教学质量。

（1）提高教师的综合素质能力

传统的教学方式，主要以教师讲课为主，以教材内容为本，学生听不听、会不会，都不影响教师的讲课进度。思想政治理论课的内容相对枯燥、抽象、晦涩，很难引起学生的共鸣，学生不对课程所讲授的内容感兴趣，自然就很难达到思想政治理论课入脑入心的教学效果。特别是由于教师教学内容选取不当、教学组织不当、课堂设计不当、教学方法不当，也会成为不能引起学生兴趣或调动积极性的重要原因。因此，教师需要针对学生的成长成才的发展规律，设计教学内容和教学环节，这就要求教师应具有一定的能力。

此外，在实施问题式教学过程中，教师对于课堂互动环节中的突发状况的应对能力也面临着一定的挑战。面对学生提出的各种问题和疑惑，教师应具有广博的知识和理论深度，才能很好地回答这些问题，同时，教师既要正面回应学生的问题，也要给予学生合理信服的答案，这些都需要教师在平时备课中予以充分的准备，这对教师整体的综合素质能力提出更高的要求。

（2）增强学生的自主学习意识

问题式教学是利用学生的求知欲和表现欲强的特点，鼓励学生参与到教学活动中来，但由于学生的自主学习意识、个体及性格等方面的差异，通常情况下，理论基础好、表现欲强的学生会积极主动参与，而大部分学生会处于被动和消极的状态，这就对学生的自主学习意识提出了更高的要求。同时，大部分高校学生普遍对思想政治理论课重视程度不够，态度也不够端正，对思想政治理论课的重要意义和作用认识不清。课上不认真听讲，课下应付考试，大都有不挂科就行的心理状态。这样的学习态度和学习意识对于开展情境式教学来说是重大挑战。情境式教学要求学生要积极准备，认真对待。学生要积极有效参与到互动教学中来，就必须在自主学习基础上，对学习目的和教学目标有清楚的认识，对教学内容和理论知识有系统的把握，最大限度地发挥学习主动性和创造性，学会自我学习、自我管理和自我发展，这对学生具有自主学习意识和能力提出更高要求。

（3）提高教师课堂管理的把控能力

课堂上，教师和学生都是问题式教学的主角。教师与学生之间互动、交流、配合会直接影响到课程的教学效果。如果教师只顾自己讲，不关注学生动态，教学效果就很难提升。同时，如果学生态度不端正，课下不准备，课上不配合，教学就很难达到预期效果。教师如何把控课堂的节奏，管理课堂，使师生完美配合也是实施情境式教学的困境之一。较之其他教学方法，问题式教学对思想政治理论课教师提出了更高的要求。教师作为主导者和引路人需要有很强的责任心和管理课堂的能力。在实施情境式教学前，教师应做好充分的准备，力求做到教学内容丰富、教学环节和过程严密，这就要求教师要对教材体系有整体深入把握，教师要花大量时间和精力进行情境互动教学设计，努力预判课堂出现的各种突发状况，以采用不同的方式解决。

3. 问题式教学方法在思政课教学实践中的创新路径

问题式专题教学将原来的教材体系转化为教学体系，在实践中有广泛的实际推广价值。在教学理念上，打破过去被动灌输式的教育理念，在教学中突出问题意识、启发意识，把游离于思政课堂之外的学生重新吸引到思政课堂中来，参与到思政教学过程当中，以充分发挥学生的主体性。

（1）问题式教学方法创建的"两个原则"

①坚持启发性原则

在思政课程的教学设计中，关键在于如何构建富有针对性和启发性的教学内容，使之既符合教材的重难点，又能够贴近学生的实际需求。为此，教师需要深入研究教材，把握教学的重难点，找出学生可能存在的困惑和不足，并结合社会现实热点和前沿动态，选择与学科知识密切相关且引发学生兴趣的专题。通过这样的筛选和设计，形成一系列问题链，贯穿整个专题，引导学生逐步深入思考和学习。其次，教师在设计问题式专题化教学内容时，需要考虑学生的实际情况，关注他们的兴趣、经验和需求。问题链的设计应当具有连贯性和层次性，能够激发学生主动思考和参与讨论。这样的设计不仅能够引导学生深度学习，也能够促使学生在实践中更好地理解和运用相关的思政理论。最终，这样的教学设计能够充分考虑学生的学习特点，取得学生知行合一的学习效果。学生通过对问题的深度思考和讨论，不仅提高了对思政理论的理解水平，还培养了批判性思维和问题解决能力。这种以问题为核心的教学模式不仅使得思政课程更加生动有趣，也更符合大学生的学习需求，为他们全面发展提供了有益的支持。

②坚持政治导向原则

在问题式专题设计中，我们要始终以社会主义核心价值观为引导，确保问题的设计与选择能够坚持正确的政治方向，从而为社会主义事业培育合格的建设者和接班人。首先，问题的选择和提炼需要凝练严谨，独具匠心。通过深入思考和研究，教师要设计一些既具有挑战性又有深度的问题，能够引导学生深入思考，激发他们对问题的兴趣和求知欲。问题的提炼要保持问题的简练性和深刻性，确保学生在思考问题时能够从不同角度进行分析。在设计问题时，要结合思政课的教学目的，坚持正确的政治导向。问题选择要关注社会热点难点，结合国家方针政策，联系学科学术前沿，确保问题的设计与时代和社会进步保持同步，以满足学生对新知识的需求。其次，设计问题要兼顾实际问题的解决。问题选择要紧密结合学生的实际生活，引导他们将所学的思政理论知识与现实问题相结合，使得学生在解决问题的过程中不仅能够学到理论知识，还能够应用于实际情境，培养实际解决问题的能力。

（2）问题式教学方法创建的"五个环节"

在思政课教学中采用问题导入式教学法，主要包括以下五个环节。

①问题导入设计

在构建问题导入式专题教学体系时，导入问题的设计至关重要，问题导入式专题教学体系的设计需要注重导入问题的普适性，同时采用启发式教学方法，通过问题链的组织使教学层层递进、不断深入，引导学生逐步深入思考和学习。这种分层次的设计不仅使学生在解决问题的过程中逐渐建立起系统性的思维，同时也促使他们逐步理解和掌握课程的核心内容。

②引发学生提问

为更好地贯彻问题导入式教学法，课堂教学可采取分组的策略，以促进学生之间的合作学习和问题探讨，这不仅有助于增强学生分析问题、逻辑推理和概括总结的能力，还能培养他们团队协作的技能。同时，教师要积极引导学生提出自己最深感困惑、最关心、最感兴趣、最迫切想要弄清楚的问题。通过学生个体问题的提出，教师能更好地了解学生的学术需求和关注点，从而更有针对性地调整教学内容，使教学更贴近学生的实际需求。通过这样的教学设计，学生在问题的比较、联想和反问中逐渐深入，通过小组协作解决问题，提高了他们在思辨和解决问题方面的能力。同时，学生在积极提出个体问题的过程中更好地参与了思政理论的学习，达到了问题导入式教学法的预期效果。

③课堂问题讨论

一旦问题确定，学生可分组展开内部讨论，同时，不同小组之间可以进行相互提问和辩论，从而形成集思广益的效果。在课堂讨论中，学生首先要尝试着自己解决问题，这有助于培养他们的独立思考和问题解决的能力。教师在这一过程中发挥指导和引导的作用，及时纠正同学们可能存在的观点误区，确保讨论的方向不偏离问题的核心。同时，教师可以更深入地挖掘一些深层次有意义的问题。通过针对学生的讨论提出深度问题，教师能够引导学生在思考的深度上更进一步，使得他们能够更全面地认识和解决问题，这样的引导有助于培养学生的批判性思维和深度思考的能力。

④问题分析总结

进行问题导入、学生提问和课堂讨论，在此过程中教师要充分解释和深刻剖析前面的问题，以达到真正为学生释疑解惑的目的，最后学生进行积极反馈，每个小组派一个学生代表进行总结发言。

⑤课后问题反思

问题虽然得到了解决，但是思考不能止步，还要积极引导学生课后对问题进行反思，各小组要积极总结自己在分析解决问题的过程中有哪些收获，还有哪些不足以后需要注意，每个学生写一个书面反思总结材料，这样才能全面提高学生的思辨能力。

问题式教学的优势在于能够激发学生的学习兴趣和探究欲望，促进其自主学习和独立思考。通过小组讨论和课堂展示，可以培养学生的合作意识和沟通能力，提高其表达能力和思辨能力。同时，问题式教学能够使教师更好地了解学生的思想动态和学习情况，针对学生的需求进行有针对性的指导和帮助。因此，通过问题式教学可以实现新时代高校思想政治理论课体系建设的创新。

第三节　新时代高校思想政治理论课建设的资源整合

高校思想政治理论课教学资源整合是提升教学效果的重要途径，也是推进高校思想政治理论课教学改革的驱动力。然而，关于如何有效整合教学资源却依然没有形成一个非常成熟的对策体系，这也是摆在高校思想政治理论课教学工作者面前的难题。结合高校思想政治理论课的改革实际，依据高校体制运转的特点，高校应从组建统一的教学资源组织协调机构、制订和完善教学资源整合制度、积极推进校内教学资源整合和校际教学资源整合、大胆借助科学技术推进高校思想政治理论课教学资源整合，切实提升高校思想政治理论课教学效果。

一、建立统一的组织协调机构

高校思想政治理论课教学资源整合是一个系统工程，需要多个部门，甚至需要政府参与其中。因此，建立统一的组织协调机构，对于顺利开展教学资源整合、提高整合效率具有重要意义。

（一）高校思想政治理论课教学指导委员会

当前，各高校都成立了"思想政治理论课教学指导委员会（小组）"，主任一般都是分管本校思想政治理论课教学科研的副书记，主要职责是协调各部门、学院，推动马克思主义学院开展思想政治理论课教学科研和学科建设工作。以此为基础，高校应该赋予该机构在校内整合思想政治理论课教学资源的功能，全权委托该机构进行协调。从现实中看，不少高校的类似机构作用没有得到充分发挥，作用的空间还可以进一步挖掘。因此，高校需要有效落实该机构的整合功能，充分体现其在高校思想政治理论课教学资源整合中的作用。

（二）成立高校与企业的合作组织

校企合作是推进高校和企业共同发展的主要渠道。在教学资源整合过程中，高校可以与企事业单位的实践教学基地负责人成立"思想政治理论课实践教学指导委员会"，专门负责高校马克思主义学院与校外进行协调的事宜。高校马克思主义学院应该加强与实践教学基地、红色教育基地的合作，通过成立指导委员会等性质的组织，完善日常协调机制。在组织形式上，高校可以和单一教学基地合作，也可同时与多个教学基地合作，形成统一的思想政治理论课实践教学指导委员会。

二、制订教学资源整合与共享制度

高校思想政治理论课教学资源整合必须以制度作保障，只有以制度为先导，才能够确保整合的效果。因此，高校应系统制定校内外思想政治理论课教学资源整合制度，明确各个教学资源所有者的责任权利，为充分发挥各所有者的作用提供制度保障。

（一）教学资源分类管理制度

总体而言，高校思想政治理论课的教学资源虽然分布不均衡，但类型都比较丰富。各类教学资源因为存在形式不同，必须进行分类管理，才能够发挥其应有效应。

第一，要进行登记。高校或相关单位在对资源进行普查的基础上，需要根据资源的类别和分布区域等信息登记造册，为高校和相关部门进行教学资源整合提供依据，确保高校和相关部门对本区域内的思想政治理论课教学资源有整体认识。

第二，要进行产权确认。各类教学资源都有产权所有者，只有产权清晰才能够责权明确。为此，高校及相关部门要对现存教学资源进行确权，承认产权的所有者对教学资源的使用权和收益权等权利。具体来说，高校和相关部门要确认各类教学资源的所有者。有的教学资源的所有者是个人，则受益者为个人；有的教学资源所有者为学校或其他事业单位，则教学资源的受益者为学校或相应事业单位；有的教学资源为个人和学校、其他事业单位共同所有，则以上所有者都是共同受益人。总之，高校要整合思想政治理论课教学资源，必须对教学资源的所有者进行确认，对教学资源进行确权，为整合提供准确依据。

第三，委托专人和专门机构进行管理。高校或相关单位在进行产权确认之后，需要委托专人对各类教学资源进行管理，防止教学资源的闲置、流失和非正常损耗，从而提高教学资源的使用效果，尤其是对于一些显性的教学资源，如教学课件、实践教学基地、教学书籍和精品课程建设资源等。近年来，随着个人博物馆的兴起，一些以实物形态存在的实践教学资源为私人收藏，如中央苏区时期红军使用的肩章、军帽、枪支、梭镖、纸币等，也需要校外所有者进行妥善保管。

（二）教学资源滚动淘汰制度

优质的教学资源有利于提升高校思想政治理论课教学效果；相反，落后于时代发展需要的教学资源则会阻碍高校思想政治理论课教学效果的提升。因此，必须确立教学资源的滚动淘汰机制，以不断提升高校思想政治理论课教学资源的功能。要从以下方面建立这一机制。

第一，不断开发教学资源的新功能。对于一些可以自动更新的教学资源，可以进行定期更新，使其不断与时俱进，引导大学生合理利用，如一些存在于网络中的案例、网络文章等教学资源。

第二，通过教育培训等方式提升教学资源的功能。教师作为高校思想政治理论课的重要组成部分，具有很强的积极性、主动性和创造性，是高校思想政治理论课教学过程中的主导者。但是，由于不同教师的各方面素质参差不齐，他们对高校思想政治理论课教学效果的提升作用也大不相同。优秀的思想政治理论课教师是高校稀缺的教学资源，在提升高校思想政治理论课教学效果中发挥着举足轻重的作用。相反，那些教学水平、教学态度和教学精力不同程度存在缺陷的教师则需要不断通过教学培训，逐步提升其学历水平，拓宽其学术视野，从整体上提升其能力和水平。

第三，勇敢地淘汰一些教学资源。高校应建立思想政治理论课教学资源的准入机制，确保参与高校思想政治理论课教学运行的教学资源符合高校和相关部门的需要和标准，防止一些不合格的教学资源滥竽充数，切实提高教学资源的有效性。高校可以将一些教学态度不好、教学水平较低且不愿意提升的教师清理出教学队伍，将一些基础设施差、无法进行完善的实践教学基地撤销，果断解除一些到期的合作效果不佳的合作协议。

（三）教学资源有偿使用制度

各类教学资源都属于一定的所有者，也需要所有者定期维护和更新，这就必然需要定期投入经费。因此，建立教学资源的有偿使用机制，及时明确教学资源所有者的责权利，也是保障教学资源所有者不断完善教学资源功能的重要措施。

第一，校内教学资源有偿使用制度。校内教学资源是高校思想政治理论课教学资源的主体，也是形式最丰富的教学资源。但是，这些资源中有些需要有偿使用，有些则需要强化管理。具体可从以下两个方面着手。一是要提高思想政治理论课教师的政治和经济待遇。高校全面认可思想政治理论课教师的劳动价值，是有偿使用校内思想政治理论课教学资源的重要表现。因此，制定和完善高校思想政治理论课教师资源等教学资源的有偿使用制度具有重要意义。部分高校聘请思想政治理论课教师讲授党课要么给很低的酬金，要么不给酬金，这都是不认可思想政治理论课教学资源价值的体现。二是要建立校内教学资源的使用折旧制度。除教师资源外，校内教学资源还有很多存在形式，如校内博物馆、图书馆、电教馆等。像国有资产一样，这些教学资源也存在所有权与经营权（管理权）分离的情况。这些校内教学资源的所有者是学校，但实际管理者是校内各部门。这些教学资源平时维护都需要成本，在参与思想政治理论课教学过程中必然加剧其折旧速度，提高维护成本。因此，高校需要有相关制度进行规范，确保这些教学资源的管理者愿意参与资源整合。

第二，社会教学资源有偿使用制度。一般而言，校外教学资源包括社会教学资源和其他高校的教学资源。进入新时代以来，教育部等机构多次强调博物馆、革命纪念馆等爱国主义教育基地应该免费对各层次学生开放。大学生作为学生的一部分，自然应该享受免费待遇。但是，从实践中看，依然有相当一部分地方政府继续收取门票，这为爱国主义教育设置了一定的障碍，尤其是一部分教学经费相对紧张或经费支出程序复杂的高校，其开展爱国主义教育的热情自然降低，从而导致教学资源闲置的情况进一步加重，教学资源整合的难度自然也加大了。因此，地方政府应明确责成相关爱国主义教学基地免费向各层次学生开放，同时考虑到接待学生的情况，通过财政转移支付的形式，给予相关教学基地一定的经费补偿，以实现社会教学资源有偿使用的目标。

第三，校际教学资源有偿使用制度。由于各高校的特色不尽相同，高校内部的教学资源禀赋也不一样，因此，整合校际教学资源成为必要的环节。学校可以通过学分互认等手段鼓励大学生跨校选课，也可以鼓励大学生跨校使用其他学校的校内外教学基地和网络教学资源，使高校思想政治理论课教学资源的效果最大化，真正落实教学资源的校际整合。

三、推动学校内部思想政治理论课教学资源整合

整合校内教学资源是高校思想政治理论课教学资源整合过程中的重要环节，也是提升思想政治理论课教学效果的重要途径。

（一）整合人力教学资源

思想政治理论课教师是所有教学资源中最能动的因素。整合教师资源对整个教学资源整合过程具有重要意义。

第一，在全校范围内吸引兼职教师加入思想政治理论课教学。任何高校都活跃着一批具有马克思主义理论学科背景的管理人员，其中不少人具有深厚的教学科研功底和相对丰富的教学经验。高校可通过实施差别化政策，鼓励这些教师投入精力开展思想政治理论课教学，进一步扩大思想政治理论课师资队伍。

第二，激发思想政治理论课专职教师能量。每个思想政治理论课教师的禀赋是不一样的，有的教师擅长教学，有的则擅长科研。高校要通过适当提高教学酬金等方式鼓励教学水平高、教学能力强的专职教师科学安排教学和科研时间，引导他们更多投入思想政治理论课教学实践，凸显自己的教学优势，在提高教学效果的过程中发挥更大的作用。当前，部分高校允许教师评聘教学型教授和副教授，这给包括思想政治理论课教师在内的专职教师提供了通过做好教学工作也能晋升的通道，大大提高了思想政治理论课教师教好思政课、专心做好立德树人工作的决心和信心。

第三，逐步放宽对思想政治理论课教师授课数量的限制。不少高校为避免教师疲于应付上课，对任课教师的授课进行了多种限制。从客观上讲，学校的出发点是好的，如果师资队伍相对充裕，这应该是可行的。但是，部分高校面临着思想政治理论课师资队伍紧张的局面，相关部门却仍然自己捆住手脚，这无疑进一步加剧了师资紧张程度。因此，逐步放宽教师授课数量限制，鼓励教学水平高、深受学生欢迎的教师在可能范围内，在处理好授课数量和质量的关系的基础上，适当多承担教学任务，不仅可以解决师资队伍紧张的矛盾，而且可以提升教学效果，让更多学生享受优质教学资源，体现思想政治理论课专职教师主力军的地位。

（二）整合物力教学资源

进入新时代以来，高校物力教学资源日益丰富，整合这些资源，不仅可以提高其使用效率，而且有利于提高教学效果。这些物力资源主要包括多媒体课件、网络教学资源（网站）、重点建设课程（优质课程）、优秀教学案例、优秀教案、科学合理的教学大纲、课程试卷等。通过资源共享机制整合这些资源，让所有思想政治理论课专兼职教师都能够便利地得到这些优秀教学资源，可以有效避免教学研发和课程重复建设，提高教学资源使用效率。

（三）整合财力教学资源

进入新时代以来，高校思想政治理论课的财政保障越来越雄厚，但问题也比较突出。针对这些问题，高校和相关主管部门应该从以下几个方面整合思想政治理论课的财力教学资源。

第一，形成灵活的财政预算机制。当前，高校思想政治理论课教学经费相对充足，但使用程序相对复杂，预算范围与实际支出范围有一定差距。充足的教学经费能够下得来，却很难足额用得出。要整合这些相对充足的教学经费，必须熟悉高校财务制度。为此，马克思主义学院应主动向相关财务人员咨询经费使用政策，甚至可以向财务部门聘请财务顾问。同时，高校可以责成财务部门耐心细致地向马克思主义学院领导和相关负责人分析财务状况，在遵守高校财经制度的前提下提供教学经费使用建议，确保教学经费高效使用，避免再现充足的教学经费"躺在账上"的现象。

第二，购置优秀的教学课件等教学资源。多媒体教学等非传统教学形式已经成为高校教学的主要形式，但是这些非传统教学形式都是建立在教学资源相对丰富的基础上的。为此，高校应鼓励马克思主义学院不断添置多媒体课件，资助教师开展教学改革研究，这有利于思想政治理论课教师提高教学水平。当前，大部分高校通过质量工程的形式加大了对思想政治理论课所有课程的建设支持力度。部分课程既是重点课程，又是精品资源共享课程和视频公开课程，还是线上开放课程，建设经费少则十几万，多则几十万。充足的教学建设经费为加强课程建设，购置教学资源提供了有力的保障。

(四)抓好课程思政建设

课程思政是一个新鲜事物,它是可以聚集更多教师参与思想政治教育的平台,各个高校都在努力探索适合自己的课程思政建设模式。"高校要从'实现高等教育内涵式发展'的理念出发对'课程思政'做整体设计和推进。"[1]

第一,高校教师要对思想政治理论课教学内容真懂真信。课程思政要求所有教师在非思政课程中渗透思想政治教育的内容,实现德育与智育的结合。非思政课程教师要在非思政课程中融入思想政治教育内容看似容易,其实很难。从易的角度看,非思政课程教师只要完成任务就可以,不管效果如何。这种课程思政不仅无法实现其真实目标,反而可能适得其反。从难的角度看,非思政课程教师要真正实施课程思政,首先自己要真懂真信。只有真懂真信,才能有意愿和能力将思想政治教育的精髓渗透到非思政课程中。因此,高校要适当加强对非思政课教师进行普及性的知识培训,提高非思政课教师的觉悟,增加其基本思想政治教育知识,着力提升专业课教师的"课程思政"意识、素养和能力。

第二,要创新高校课程思政的形式。高校推进课程思政后,课程的授课方式发生了较大的变化,但非思政课程与思政课的教学方式还是有很大的区别。创新课程思政的形式,将思政课的"神"用于课程思政中,使学生在非思政课教学的潜移默化中体会到思想政治教育的魅力是课程思政成功的关键。如果生硬地将思想政治教育的内容植入到非思政课程中,不仅不能收到课程思政的效果,连非思政课程的教学目标也难以达到。

第三,要辩证地认识课程思政与思政课程的关系。课程思政是思想政治教育的内在本质要求,是高校"大思政"的创新形式。课程思政重在将思想政治教育的精髓渗透于非思政课程教学,做到润物细无声。而思政课程是以课程教育的形式,将系统化的思想政治教育内容完整地传授给大学生,使其成为大学生真心喜爱、终身受益和永生难忘的课程,体现德育在教育中的统帅作用。在课程思政中,思想政治教育是催化剂,课程教育内容是主体和目标;在思政课程中,思想政治教育是主要形式和最终目标。

---

[1] 肖香龙,朱珠. "大思政"格局下课程思政的探索与实践[J]. 思想理论教育导刊,2018,238(10):149-151.

四、推动学校外部思想政治理论课教学资源整合

校外思想政治理论课教学资源是高校思想政治理论课教学资源必要的有益的补充，尤其是实践教学资源的主要组成部分。从某种意义上讲，实践教学是否能够成功开展，与校外教学资源整合的成功与否息息相关。

（一）整合社会教学资源

高校思想政治理论课教学是一个有机整体，需要高校和社会从以下三方面通力合作。

第一，签订实践教学基地协议。高校马克思主义学院可以与地方企事业单位通过签订合作协议的形式，充分利用社会教学资源，做好教学资源整合工作。如爱国主义教育基地、反映中国特色社会主义建设实践的国有企业和民营企业、敬老院、福利院等机构，每年都可以定期安排师生前往开展实践教学。

第二，聘请社会兼职教师。思想政治理论课教学既是理论教学，也是实践教学。高校可通过聘请客座教师等形式，辅助社会人士深入大学课堂，开展思想政治理论课理论教学。聘请的兼职教师可以利用自身丰富的实践经验，将马克思主义理论与社会建设实践进行结合，向在校大学生讲述自己如何在社会实践中应用马克思主义理论，从而推进马克思主义理论与社会实践的紧密结合。

第三，吸收社会资金资助高校思想政治理论课教学。高校可以依据需要，引导社会各界资助马克思主义学院，以设立基金会和奖学金的形式，奖励在高校思想政治理论课教学中表现突出的教师和学生，也可以赞助一些基本的教学设备，促进高校思想政治理论课教学效果的提升。

（二）整合校际教学资源

由于各种原因，高校的教学资源禀赋不一样，整合校际教学资源不仅可行而且重要。

第一，整合教师资源。从当前的情况看，由于各种原因，各高校马克思主义学院的师资基本处于独立运行状态，很少进行有效的校级整合。从实际需要看，高校思想政治理论课教师需要整合。高校应允许本校优秀专职教师，尤其是获得过"全国教学名师""全省教学名师""全国思想政治理论课影响人物"等荣誉的

教师，在完成自身教学科研任务的情况下，适当参与其他高校的教学工作。这种整合既能让其他高校学生享受优秀教学资源，也能够在更广泛的范围内了解大学生的思想动态，为做好本校思想政治理论课教学提供依据。因此，允许优秀教师资源进行适当整合对于充分发挥优秀教师教学资源具有重要意义。可以说，优秀教师资源整合是高校思想政治理论课校际教师资源整合的核心。当然，对普通教师资源进行整合，也是校际师资整合的常态。部分师资紧张的高校可以通过双方自愿的方式，在校外聘请兼职教师参与本校思想政治理论课教学，弥补本校师资缺口，以常态化的形式进行校际教师资源整合。

第二，整合教学课件等资源。除教师资源外，高校思想政治理论课教学资源还有教学课件、课程建设和教学改革项目、教学专著、论文和音像资料等。各高校可以根据实际需要，引导教师在优质课程（精品课程）建设和教学改革研究项目等方面进行联合攻关，提高课程建设和研究项目的水平，并进行联合推广，发挥资源整合的最大效应。高校还可在教学课件互通有无等方面开展校际整合，避免重复建设，发挥建设经费的最大效益。

第三，开展学分互认工作。高校开展互认学分是进行全面资源整合的重要途径，也是以教师为中心进行的资源整合。高校之间可以通过校际教学资源协调机构以签订学分互认协议的形式推进教学资源整合，允许学生跨校选课、跨校参与实践教学、跨校聆听学术讲座。通过跨校学习的方式，为学生成长成才提供多元化的培养方式，使学生可以享受多个学校的教学资源，体验多个学校的培养风格。

第四章　新时代高校思想政治理论课的实践研究

本章的主要内容为新时代高校思想政治理论课的实践研究，通过以下三节进行详细论述，分别为新时代高校思想政治理论课的教学实践、新时代高校思想政治理论课的宏观管理、新时代高校思想政治理论课的教育评价。

第一节　新时代高校思想政治理论课的教学实践

一、"互联网+高校思想政治"教学实践探索

在当前"互联网+"时代，大学生思想政治教育迎来了前所未有的发展机遇，网络环境为高校思想政治理论课的教学提供了无限可能。将"互联网+"与高校思想政治理论课程有机地融合，不仅有助于强化教学效果，还能推动教学模式的创新、教学内容的更新，最终实现教育效果的倍增。因此，将"互联网+"引入高校思想政治理论课程，充分发挥网络环境下信息教学平台的作用，采用多元化的教学模式，激发学生的自主学习意识，提升他们的学习能力，是提高高校思想政治理论课程吸引力的一种有效途径。不仅如此，通过将"互联网+"与高校思想政治理论课程融合，可以借助新兴技术和在线平台，为教育提供更灵活、丰富的教学手段。这种融合有助于深化思政理论课程的教育内涵，同时也促进学生在网络环境中更加积极主动地参与学习过程。多渠道的教学模式使得学生能够更全面地接触到知识，激发他们的学习兴趣，提升学习的深度和广度。

"互联网+"时代带来的不仅是技术的改变，更是思想政治教育的变革，这一新型的信息技术浪潮不仅对高校思想政治教育的主客体思维方式产生了深刻的

影响,还对交互方式和社会实践模式进行了重塑。通过运用网络技术,学生在思想政治教育中拥有了更多的参与和互动机会,改变了传统教学模式,使教育形态发生了全新的变化。这一趋势的出现不仅在理论层面上为思想政治课程注入了更多元的元素,也在实践中为学生提供了更广泛、更灵活的学习机会。

(一) 在课程导入环节主动开发

在当今"互联网+"时代,为了激发学生对思政课的学习兴趣,特别需要注重导入环节。一个好的课堂需要有一个引人入胜的开头,而在这个信息爆炸的时代,思想政治教育必须从过去的单一模式转变为多元化的教学方式。而在此要求下,如何通过巧妙设计导入环节,使思政课能够更好地引导学生进入学习状态,成为教育工作者需要认真思考的问题。

在当前的思政课堂导入环节中,我们可以借助电脑、手机等现代信息技术手段,为课堂注入更多生动、直观的元素。通过这些方式,更好地引起学生的兴趣,让他们在轻松愉快的氛围中学习。同时,还可以结合学生的教育背景,有针对性地选择相关的教学资源,这样不仅可以让学生更好地理解和接受所学内容,也能够使思政课更加贴近学生的实际生活和思想需求。通过精心选择教学资源,激发学生的求知欲,使其更加主动地参与学习过程。与此同时,利用各种网络教学平台也是十分重要的。通过慕课、超星、钉钉等平台,我们可以在课前发起投票和问卷调查,实时了解学生的喜好和需求。这种预先了解学生的方式,有助于教师更有针对性地设计导入环节,使之更符合学生的兴趣和学习需求。

(二) 在讲授内容中强化运用

高校思政课的核心在于深入阐释经典理论,使学生更好地理解和应用这些理论。随着互联网的普及,教师可以更轻松地获取各种形式的教学资源,包括经典著作、学术论文、多媒体资料、优秀视频等。这些资源不仅可以用于传授理论知识,还可以通过多样化的呈现方式激发学生的兴趣。教师也可以结合互联网上的丰富资源,设计生动有趣的教学内容,使学生在学习中更加主动和积极。

思想政治理论课不仅仅是传授知识的课程,更是培养学生树立社会主义核心价值观的重要手段。在这个过程中,我们面临着一个根本性的问题,即"培养什么人、如何培养人以及为谁培养人"。为了应对这一挑战,我们必须坚持将立德树人作为中心环节，这是不可或缺的原则。实现思政教育的目标并不仅仅是传递知识，更是要使学生在认知层面和情感共鸣上得到双重滋养。通过深刻理解课程内容，使学生能够形成对社会主义核心价值观的独立见解，并在情感上对这些价值观产生共鸣。这就要求在教学过程中注重"入脑入心"的效果，确保学生对所学知识的深刻理解，并使他们在情感上建立起对这些理念的认同和信仰。

除了课堂内的教学内容，还需要关注学生在互联网时代面对的信息洪流。在互联网时代，学生面对着庞大的信息洪流，要求我们不仅关注课堂内的教学内容，还需要引导学生在信息社会中更好地应对。为了提高学生对不良信息的抵抗能力，教师可以向学生"注射"关于不良信息的"免疫疫苗"，即通过讨论一些负面案例，让学生深刻认识到其中的危害，从而增强他们的防范意识。这种免疫机制可以帮助学生更好地辨别信息的真伪，不轻信不良信息，保持理性的判断。通过这样的教学方法，我们可以期待培养出更具有信息素养和价值观的学生，使他们在信息社会中更加自主、理性地获取知识，为未来的发展奠定更坚实的思想基础。

（三）在授课艺术上有效发挥

在当前"互联网+"时代，教育者需要不断适应和利用新兴科技，以更好地满足学生的学习需求。短视频作为一种富有创造性和吸引力的教学工具，在思政课程中具有独特的价值，这种形式不仅让信息更加生动具体，而且通过快速传播，能够更好地吸引学生的关注。通过精心选择和运用短视频片段，可以为学生提供直观、形象的理论阐释，特别是对于那些较为抽象和晦涩的经典理论知识点；而且，通过在教学中巧妙地引入短视频元素，教师可以更好地引发学生的兴趣和好奇心，创造出更具互动性和参与感的课堂氛围。这有助于打破传统教学的单一性，使思政课程更贴近学生的生活和认知方式，为其注入更多活力与创新。

其次，随着"互联网+"时代的来临，线上教学平台如钉钉、雨课堂、学习通等在新冠疫情防控期间得到了快速的发展。通过这些成熟的网络教学平台，教育者不仅能够在线上进行教学，还能在传统的线下教学中灵活地应用这些平台的操作方式和教学资源。这些平台的运用推动教学以更丰富、便捷和活跃的方式展开，通过其丰富的教学资源和多彩的教学活动，提高了课堂的交互性，增强了学生的参与感，不仅更符合当代学生的学习习惯，也为未来教育带来了更多创新的可能性。

(四)积极把握课堂与教学反馈

思想政治教育作为一个动态的、不断发展的系统,需要在网络思想政治教育教学改革中持续进行调整和完善。这个过程是一个不断循环的系统,在这个过程中,首先需要根据学生的需求设计合适的教学内容,确保输入的有效性。然后,通过开展教学输出,将这些内容传递给学生。紧接着,通过教学反馈机制,获取学生对学习实效的评价和输出,形成一个反馈回路。根据这些反馈信息,教师可以及时调整教学输出,满足学生的需求,提高教学的效果。

在进行教学调整时,我们必须充分考虑学生的习得反应,因为这是评估教学效果和改进教学方法的关键依据之一。然而,传统的学情分析方法往往需要耗费大量时间和资源,包括教师与学生的个别交流、填写繁多的问卷调查表,以及对成绩等数据进行详尽的分析。这种方式存在明显的劣势,其中个别调查容易受到主观因素的影响,取样不完整可能导致结果的偏颇,而数据不全面则影响对学生整体情况的全面了解。因此,为了更有效地进行教学调整,我们需要借助先进的技术手段和数据分析工具,以提高学情分析的客观性和准确性。通过引入现代科技,如人工智能和大数据分析,可以更全面地收集、整理和分析学生的学习反馈。这样的方法不仅能够减轻教师的工作负担,同时也能够提供更可靠、客观的数据支持,为教学调整提供更科学、精准的依据。

在"互联网+"时代的背景下,思想政治理论课程平台经历了一次跨越式的大发展,这一发展的亮点之一是建立了便捷全面的学情数据采集系统,为教育提供了新的可能性。通过这一全面的学情数据采集系统,教师可以根据大数据进行综合分析,这意味着教育工作者可以更深入地了解学生的学习情况,包括他们的学科兴趣、学科优势和劣势,以及学习进度等方面的信息。有了这样全面的数据支持,教师可以更准确地判断每个学生的需求,制定有针对性的教学设计,以满足不同学生的学习需求。

二、中华优秀传统文化融入高校思想政治教育的实践探索

(一)坚持马克思主义的导向作用与创新发展要求

中华优秀传统文化融入高校思想政治教育是一项复杂而深刻的任务,这一任

务的核心在于在马克思主义的指导下取其精华，坚持中国特色社会主义文化的发展道路。在这个过程中，我们要注重培养学生的历史意识、民族精神和时代精神，使他们具备运用所学知识解决现实问题的能力，从而为社会的发展贡献智慧和力量。马克思主义作为党的重要指导思想，对于中华优秀传统文化的融入起到了重要的导向作用。学习和宣传马克思主义不能仅停留在理论层面，更需要通过实践的角度进行推广和创新，这意味着我们要在实际的教育工作中不断运用和实践马克思主义的理论，使其在当代思政工作中具有更为深刻和实际的指导意义。为了实现这一目标，教育工作者需要以客观的态度对待马克思主义，并在实践中赋予其新的时代内涵与表现形式。同时，必须正确把握中国传统文化在当代思政工作中的地位，确定价值导向和创新性发展机制。这需要在传统元素与现代社会之间找到平衡，将传统文化实现向现代社会的创造性转化，确保中华优秀传统文化在时代发展的前列屹立不倒。

核心价值观是一个民族、一个国家精神追求的集中体现，也是社会评判是非曲直的重要价值标准。在中国，社会主义核心价值观作为现代社会价值体系的重要组成部分，根植于中华优秀传统文化，是对国家、社会和个人美好夙愿的集体表达。不仅如此，核心价值观还代表了社会共同的道德观念和行为规范。通过社会主义核心价值观，我们能够确定社会发展的方向，构建公平正义的社会秩序，形成共同的价值共识。同时，核心价值观也是对个人的引导，激发个体的社会责任感和家国情怀，推动每个人为实现国家富强、社会进步、个人幸福而努力奋斗。社会主义核心价值观的源头可以追溯到中华优秀传统文化。在这里，我们找到了尊崇和谐、弘扬仁爱、注重忠诚的文化元素，这些元素为社会主义核心价值观的形成提供了深厚的文化渊源。通过融入传统文化的智慧，社会主义核心价值观在现代社会得以根植并焕发出新的活力。

而大学生作为社会的中坚力量，其价值观的形成和发展直接关系到未来整个社会的价值取向。这使得高校思政课教师在教育中扮演着至关重要的角色。为了引导大学生形成积极向上的价值观，教师需要善于挖掘中华优秀传统文化中具有代表性的内涵，并将其巧妙融入大学生思想政治教育的过程中。当然，在实际的教学中，巧妙地融入传统文化元素需要注重教育方法的创新和实际操作。教师可以通过富有启发性的案例分析、互动式的教学活动，使学生在参与中感受到传统文化的魅力。同时，将传统文化与当代社会现实相结合，引导学生从中汲取有益的思考和借鉴，使之更好地融入现代生活。

为了培养具有良好道德品质和行为习惯的学生，并将其打造为社会主义事业的接班人，学校需要在政府部门的支持下积极履行社会责任，其中，社会主义核心价值观作为塑造学生成长过程中的指导思想，应成为教育的基础。学校应该通过系统而全面的教育体系，引导学生树立正确的世界观、人生观和价值观，使其在成长过程中能够积极参与社会主义事业的建设。同时，学校还应不断探索创新教育模式和内容，使思想政治工作更具吸引力和实效性。在这一过程中，借鉴中华优秀传统文化和其他文化成果，将传统智慧与现代教育相结合，有助于教育更具深度和广度，有助于学生形成对传统文化的尊重和传承的意识。

（二）优化现有的思想政治教育教学

大学阶段是个体价值观形成的关键时期，而思政教育是促使学生形成正确、积极价值观的根本途径。在这一过程中，教材的选择尤为关键，优质的教材应当深度结合马克思主义和中华优秀传统文化，能够为学生提供丰富而深刻的思想滋养。教师在思政教育上应充分发挥其引导作用，利用教材中的优秀思想成果，培养学生的民族自信和文化自信，使其在面对复杂社会现实时更具坚定的立场和信念。同时，还要将传统文化教育融入思政工作的理论教学和实践活动中，此举有助于使学生深刻理解传统文化的内涵，从而更好地融入现代社会。实践活动是思政教育的重要组成部分，通过引导学生依托文化资源进行社会活动，走进社区或基层，使学生亲身体验和感受传统文化的魅力。这种实践活动不仅能够加深学生对传统文化的理解，还能够促使他们在实际生活中更好地运用所学知识，从而达到潜移默化的教育效果。当然，在思政工作中，还应注重学生的主体地位，尊重他们的个性和主动性。教师不仅要传授知识，更要引导学生深化对传统文化的理解，让他们通过自主思考和探索形成独立、深刻的见解。了解学生的需求，尊重他们对传统文化的渴望，引导他们成为社会主义事业的积极参与者，是今后思政工作的关键。

当前，改革和创新教学方式已成为高校教育的紧迫问题。传统的教学方式在适应新时代需求方面显得力不从心，因此高校教育需要积极探索新的途径，提升教学的灵活性和实效性。为此，需要通过一系列手段，包括增加趣味性、激发兴趣，以及运用多媒体等现代科技手段，来改变传统的教学模式。例如，在讲解岳飞精忠报国的故事时，通过展示多媒体内容，如岳飞的生平和事迹的图文资料、影像资料等，更生动地呈现给学生，使他们对爱国主义精神有更深刻的理解。这种教学方式不仅有针对性，还具有现代感，更容易引起学生的兴趣。此外，还可以通过电影放映等方式，潜移默化地培养学生的爱国情感。教师可以通过播放以爱国主义为主题的电影，使学生在情感上更加深刻地体会到爱国主义的力量，这种方式既有利于提高学生的学习兴趣，又可以使爱国情感在学生心中潜移默化地生根发芽。

（三）把控新时代的教育阵地

在新时代的教育工作中，我们需要认识到拓展思想政治教育的关键载体是新时代的教育阵地，特别是在互联网迅猛发展的背景下，我们有必要对这一现象进行深入的分析和讨论。互联网作为一种强大的传播和交流工具，已经深刻地影响了学生的学习和生活方式。学生们通过互联网获取信息、进行交流，甚至是参与社会活动。因此，互联网平台成为思想政治教育工作的主要阵地是不可忽视的趋势，我们应该充分肯定网络渠道对学生的积极作用，这既有助于扩大思想政治教育的受众范围，又能够更好地贴近学生的实际需求。举例来说，现今的中国共青团以及各大高校纷纷借助互联网平台创设了官方账号，通过哔哩哔哩网、微博、微信等多样化渠道来拓展思想政治教育内容。这种新颖的方式使得学生能够以喜闻乐见的方式接触到思政教育，从而更深刻地领悟传统文化与思政工作之间的深度联系。

现如今，高校教育工作者面临着新的挑战和任务。首先，他们需要提升自身的思想政治素质，加深对传统文化和思政工作的理解。其次，他们要学习并掌握多媒体知识和技术，以更好地运用互联网和新媒体进行思政教育。在这个过程中，保障自身在新媒体和网络层面的教育水平是非常重要的，这样教育工作者才能真正与学生建立有效的沟通，进而共同探讨并解决学生们关心的问题，推动思政工作取得更为显著的成效。这种真正与学生沟通共鸣的互动教学方式将有助于更好地引导学生，使他们在思政教育中更深层次地思考，形成更积极向上的思维和态度。

（四）重视文化建设工作

文化建设工作可以从两个方面展开：一是基于校园文化来营造传统思想政治工作和传统文化的融合氛围，二是社会文化氛围的支持至关重要。

1. 营造校园文化氛围

在校园人文环境建设方面，我们可以采取一系列措施将优秀的传统文化融入校园生活的各个角落。比方说，可以将人与自然和谐发展的传统理念融入校园景观设计中，通过树木、花草的布置打造一个富有生态氛围的校园环境。这不仅能够营造出宜人的校园氛围，同时也能够引导学生产生对自然环境的尊重和保护意识，或者在每个教室都张贴海报，展示社会主义核心价值观的内涵和要求，并在教学区域摆放名人画像或雕像。这些举措可以让学生在整个教学区都能够感受到优秀的传统文化的熏陶，借此，不仅可以美化校园环境，更能够潜移默化地传递正能量和积极向上的价值观。

除了校园环境的建设，我们还可以根据校园现状，定期或不定期地开展校园优秀传统文化主题活动，以发挥校园文化的育人作用。例如，可以邀请专家学者举办传统文化知识讲座，与学生进行直接的交流和探讨。这样的活动既能够传授学生更多的传统文化知识，又能够激发学生的学术兴趣和独立思考能力，从而增强其对传统文化的认同感和自豪感。

2. 社会文化氛围的支持

在当今社会，推动宝贵的传统文化遗产融入高校思想政治教育，不仅是对中华民族传统的尊重，更是培养学生全面发展的重要途径。为实现这一目标，社会宣传手段必不可少。通过纪录片、文博类节目等形式，可以将中华民族的发展历史以生动、形象的方式呈现给广大学生。这种潜移默化的方式能够在学生心中种下对传统文化的浓厚兴趣，为后续的思想政治工作奠定基础。

（五）丰富思想政治教育教学媒介

为了更好地促进中华优秀传统文化在思想政治教育中的融入，高校应积极利用新媒体优势，丰富思想政治教育教学媒介。

首先，高校可以引导思想政治理论课程教师充分利用互联网资源，开设公共网络课程。通过在线平台，将中华优秀传统文化巧妙融入思想政治理论课程，使学生在互联网空间中更轻松地接触到传统文化的精髓。这种灵活的教学模式不仅能够拓展学生的学习途径，还有助于打破传统教育的时空限制，实现知识的跨越传播。

其次，高校可通过官方网站、微博等新媒体平台定期发布与中华优秀传统文化相关的经典文章或励志名言。通过这些媒体渠道，高校能够迅速传递正能量的文化信息，增强学生对中华传统文化的认知和理解。这种形式的宣传不仅具有广泛的传播范围，还能够在学生中产生更为直接的影响。

此外，高校还可以利用网络平台开展以"中华优秀传统文化"为主题的在线教育活动。通过创新的教育模式，如在线讨论、互动答题等，吸引学生自主加入，激发学生对传统文化的浓厚兴趣。这种积极的学习方式有助于提高学生自主学习的积极性，使他们更加主动地融入中华传统文化的学习和传承之中。

第二节　新时代高校思想政治理论课的宏观管理

课堂教学活动是师生双方沟通与交流、互动与反馈的过程。要使这一过程顺畅有序、张弛有致、活跃有趣，从而达成最佳的教学状态和教学效果，就要求思想政治理论课教师不仅具备良好的思想政治素质和扎实的马克思主义理论功底，还应具备有效组织和驾驭课堂教学活动的能力，善于根据教学内容要求和学生的学习状态，适时、适度地对教学过程进行引导、约束和调控。这既是教师胜任教学工作的一项基本素质，也是其教学智慧、教学艺术和教学风采的具体展现。

一、新时代高校思想政治理论课教学语言的管理

教学语言是教师教学的基本功和必要素养。思想政治理论课教师要承担起向大学生传播马克思主义理论、进行社会主义核心价值观教育，完成好"传道、授业、解惑、释疑"的使命和任务，无论课堂教学采用何种形式和方法，都必须借助教学语言这个有力的工具、手段。因此，对课堂教学活动的有效调控，在一定程度上取决于教师组织和表达教学语言艺术能力。

（一）新时代高校思想政治理论课教学语言艺术的功能

教师的教学语言是否具有亲和力、吸引力、感染力和说服力，不仅直接影响

着教育教学的实际效果，也关系到教师的教学风格和教学成长，尤其是对于青年教师来说，充分认识和理解教学语言艺术的功能和作用，是成为一名优秀的思想政治理论课教师的重要一环。

1. 有效传播教学内容

思想政治理论课教学语言的根本任务之一，即传播教学内容信息，引导和帮助学生系统理解和掌握马克思主义的基本原理。而如何有效地进行传播，则需要在教学语言艺术方面下功夫。教学语言艺术的运用不仅要在所传播的教学内容上进行整合与重组，还要根据教学内容特点和学生的接受习惯，选择与之相适应的语言表达方式，使形式与内容获得统一，并注重以语言的准确性、规范性和逻辑性来体现理论的科学性和说服力，以声情并茂、深入浅出、生动活泼来增强教学的吸引力和感染力，以语音的高低起伏、抑扬顿挫、舒缓急促来唤起学生的注意、激发学生的学习兴趣。很难想象，一个语言平淡乏味、说话逻辑混乱的教师，能够很好地向学生传递知识内容和思想观点。总之，教学语言艺术运用的每一种形式和策略，都是为有效地传播教学内容。它努力营造浓厚的课堂气氛，排除教学过程中的干扰，保证了教学内容传播的畅通无阻。

2. 启发学生思维活动

思想政治理论课教育教学并不仅仅是将教材体系转化为教学体系，教材语言转化为教学语言，进而准确、鲜明地传播正确的理论观点和科学的知识、原理。其根本目的在于引导学生将知识体系内化为自身的价值体系、信仰体系和能力素质体系。因此，思想政治理论课在组织好教学内容、设计好教学进程的基础上，应充分发挥教学语言艺术的启发、引导功能。一方面，贴近学生思想困惑和成长诉求，通过理论讲授、思维"助产"、师生互动、对话讨论等教学语言的多种表达方式，使课程教学由书本的课堂变为生活的课堂，变教师的课堂为学生的课堂，变单向灌输为双向交流，变注入式教学为启发式教学。另一方面，贴近社会现实和日常生活，借助教学语言艺术和情感融入，设置问题情境和案例分析，引导学生发现问题和解决问题，培养他们的思维能力和分析、判断能力。由此可见，教学语言艺术不仅是教师传播知识的媒介，也是启迪智慧、塑造心灵的基本手段。

3. 沟通师生双方情感

师生间良好的情感沟通对增强学生的学习兴趣、提高教育教学效果有着积极的影响。心理学研究证明，人的任何心智活动，不能截然分割为理智和情感两个领域。唐代大诗人白居易在《与元九书》一文中说："感人心者，莫先乎情，莫始乎言，莫切乎声，莫深乎义。"[①]思想政治理论课教育教学亦是如此。凡精彩一课必然是充溢着教师的真情实感和哲理启思，也必定引起了学生情感和思想的共鸣。而承载和促进这种共鸣与互动的重要媒介，必定是意高旨远、情理相济、妙趣横生、文采斐然的教学语言。教学语言艺术就是要秉持其严谨规范、通俗简洁、情真理达、语调亲切、生动风趣等特质，营造一个师生情感互融、心理相通的课堂教学氛围，从而使知识、理论的传播转变为教学相长、快乐共享的时光。没有教学语言艺术来拨动学生的心弦，思想政治理论课教学便成为枯燥无趣的"板着面孔"说教了。

4. 促进教师教学成长

随着网络与信息技术的迅猛发展，无论教学媒体多么丰富、教学手段多么先进，教学语言艺术的地位和作用是难以被完全取代的。因为课堂始终是一种弥散着语言的环境，教学语言仍是构成师生教学活动的重要因素。教学语言艺术已成为综合反映教师的全部教学素养和判断教师教学水平高低的重要指标。然而，在思想政治理论课教育教学过程中，一些教师忽视教学语言艺术或者对其运用不当，存在着内容干瘪、思路不清、逻辑混乱，平铺直叙、语调平淡、缺少启发，以及节奏单一、方言浓重、激情不足等问题，教师讲得很辛苦，学生听得很痛苦。这不仅直接制约着课堂教学效果的提升，也打击了教师特别是一些青年教师的教学自信，影响着他们的教学成长甚至职业生涯发展。为此，研究和把握教学语言艺术不仅是推进教学改革、实现教学目标的要求，也是教师专业发展的必修课。

（二）新时代高校思想政治理论课教学语言艺术的运用

教学是一门语言艺术。教学语言不仅应做到清晰、准确地传递学科知识、促使师生在情感上产生共鸣，而且应激发学生思维，促使学生深度思考。这是教育的最终目的，也是教学语言艺术要达到的最高境界。思想政治理论课教学语言艺术的运用，就是要实现教学语言的优美表达，包括结构美、逻辑美、感召美、风格美、节奏美、音质美等。

---

① 游光中，黄代鷟. 中外诗学大辞典［M］. 成都：四川辞书出版社，2020.

1. 教学语言的结构美

教学语言的结构美，在于"言之有序"。任何事物都存有结构，思想政治理论课教育教学也不例外。可以形象地说，它犹如教师站在三尺讲台，在有限的时空里上演的一幕理论"话剧"。要使这幕"话剧"有声有色、引人入胜，并带给学生满满的获得感和愉悦感，需要教师在深入钻研和准确把握"剧本"（教材）内容、要求的基础上，整体设计人物台词、道具使用、矛盾冲突，以及情节的起承转合等"剧情"结构。而这些都是通过语言来串联贯通和有序衔接的。具体来说，就是精心组织教学语言和教学媒体来解读知识、原理，讲好"中国故事"；合理设置教学导入、问题情境、案例分析、讨论互动等一系列环节来启发学生思考、突破重点难点；适时掌握节奏的疏密、语调的顿挫、音量的大小来调控课堂氛围、保持师生共振等等。因此，教学语言结构关乎课堂教学成败。只有结构严谨、布局合理、前后连贯、井然有序，教学进程才会自然、顺畅、推导有致、层层展开、环环相扣，而学生也才会听得兴致勃勃、津津有味、直呼"过瘾"。

2. 教学语言的逻辑美

教学语言的逻辑美，在于"言之有理"。思想政治理论课教学语言艺术的运用，其目的是有效传播真理、启发学生思维。它要求教师不仅系统地掌握马克思主义的科学原理，夯实自身理论功底，还要善于将马克思主义的科学原理向学生讲清楚、说明白，并引导学生运用马克思主义的科学原理分析和解决实际问题。前者是"言之有理"的前提，否则，"以其昏昏"难以"使人昭昭"；后者则是"言之有理"的结果。而要实现这个结果，教学语言的组织表达就必须富有逻辑性。在实际教学过程中，教师要注意将学术语言、教材语言准确地转化为学生容易接受的口头语言、教学语言，遵循知识、原理的内在逻辑，确切地表述概念，科学地进行判断，严密地论证论点，做到思路清晰、层序分明、前后连贯、句句扣题、步步深入、井井有条，不语无伦次、不猛然跳跃，这样才能字字珠玑、循循善诱、持之有故、言之成理。如果教学语言颠三倒四、逻辑混乱、词不达意，科学理论的穿透力和说服力就难以有效体现和发挥。

3. 教学语言的感召美

教学语言的感召美，在于"言之有情"。在思想政治理论课教育教学中，教学语言的感召美可具体表现在两个方面：一是教师对教学语言的艺术表达而产生的情感共鸣。它要求教师把情感融汇到对教材思想内容的深刻理解和认识之中，使教学信息穿上情感的外衣，即用情感去"标示"它，通过教学语言的精练隽永、生动活泼、抑扬顿挫、坦诚真挚，使之形成与教学内容相吻合的一条情感曲线，从而达到动人心弦、撩人情怀、启人心智的教学效果。二是教师对科学理论体系的坚定信念而产生的心灵震撼。这是指教师通过教学语言的艺术表达而表现出对马克思主义及其中国化理论成果的真学、真懂、真信、真用和坚持中国特色社会主义道路自信、理论自信、制度自信、文化自信。这种情感上的强烈认同和坚定态度，既是教师自身的人格魅力，也是其教学语言艺术的情感力量，这无疑会对学生的心灵、行为起到积极的触动和感召作用。

4. 教学语言的风格美

教学语言的风格美，在于"言之有趣"。教学语言风格是教师的教学语言特色。它的形成是一个教师在教学艺术上趋于成熟的重要标志。思想政治理论课教学语言可有多种风格，但无论何种风格，均应"言之有趣"，并能够激发学生的学习兴趣，有利于增强教育教学的实际效果。这里的"有趣"，除了保证教学语言观点正确、逻辑严密、措辞精当、含义准确外，还应注意把握以下三点：一是简练、明白。所谓简练，就是教学语言简洁清楚、干净利落、抓住要害、突出重点，不拖沓冗长、不啰唆重复；所谓明白，就是教学语言通俗易懂、深入浅出、主次分明、有的放矢，不故作玄虚、不含糊其辞。二是生动、形象。即教师要努力发掘教学内容中的情感因素和现实生活中的典型案例，善于把深奥的事理形象化、把抽象的事物具体化，寓理于情，寓教于例。三是幽默、睿智。幽默是智慧的闪现，也是语言的最高境界。教学语言机智灵活、庄谐并举、富有启发，才能把枯燥的概念、原理变得饶有趣味，达到"化平淡为神奇"的教学效果。

5. 教学语言的音质美

教学语言的音质美，在于"言之有色"。声音是思想和意义的代表，教学语言是通过声音而表现出来的。教师只有将"内部语言"转化为"外部语言"才能被学生所感知和接受。而教学语言的音质如何，不仅直接关系到教学信息的清晰和准确传达，也影响着声音的悦耳动听和学生的学习兴趣。因此，教学语言艺术的运用还要注重在"有声有色"上下功夫。一般来说，音质包含音量、音调和音色三方面的内容。首先，在思想政治理论课教育教学中，教师的教学语言要使用标准的普通话，做到发音准确、吐字清晰，符合语法规则，不用方言土语、不带地方乡音，这是构成音质美的首要条件。其次，根据学生的多少、教室的大小调控语言的音量，同时语速快慢适度。如果音量过高、语速过快，容易使学生听觉紧张、疲劳，而音量偏低、语速过慢，则会使学生听起来费力和焦虑。最后，声音的变化要善于随教学内容和学生的状态而变化，使教学语言抑扬顿挫、有张有弛、错落有致，富有节奏感和流畅性，从而增强教学的生动性和感染力。而平铺直叙、语调单一，往往使人感到呆板乏味，昏昏欲睡。

二、新时代高校思想政治理论课教学节奏的管理

"节奏"一词源自音乐术语，原指音乐中交替出现的有规律的强弱、长短的现象。《礼记·乐记》中说："节奏，谓或作或止。作则奏之，止则节之。"[①]而今"节奏"一词被广泛运用于诸多领域之中，喻指事物均匀的有规律的进程。辩证唯物主义基本原理告诉我们，世界上的万事万物都有一定的存在形式，并按一定的节奏变化发展着。思想政治理论课教育教学也不例外。一名优秀的思想政治理论课教师，总是自觉地调节教学节奏，使整个课堂教学活动张弛有致，富有艺术魅力，从而引导学生达到最佳的思维状态。

（一）新时代高校思想政治理论课教学节奏的表现形态

教学节奏是教学过程中最基本的运动形式。它反映了课堂教学进程的快慢、缓急、强弱、张弛等，是在教师的主导下，由教学双方共同配合而有规律、有秩序进行的课堂活动。实践证明，合理地调控课堂教学节奏，对于营造良好的课堂教学氛围，牵动学生的学习兴趣，促进学生积极思维，进而实现教学过程和教学效果的优化，具有不可低估的作用。教学节奏按其表现形态，可分为外显节奏和内蕴节奏两大类。

1. 外显节奏

外显节奏即教学节奏的外在表现形态，主要是指教学过程中的语言节奏和情感节奏。

---

① （西汉）戴圣. 礼记［M］. 西安：西安交通大学出版社，2022.

（1）语言节奏

语言节奏包括有声语言节奏和无声语言节奏。有声语言节奏是指教师用口头语言所显示出来的有秩序、有节拍的变化和运动，具体表现为语音的高低强弱、语调的抑扬顿挫、语速的轻重缓急、语句的断连疏密、语流的循环往复等。但凡有经验的思想政治理论课教师，都善于根据不同的教学内容，合理地调节自己的口头语言节奏，以实现内容与情感的有机统一。无声语言节奏主要包括书面语言节奏和体态语言节奏。课堂教学中的书面语言主要是板书。作为一种视觉语言符号，板书节奏讲究层次分明、重点突出、有序呈现，以给学生一种和谐的审美感受，同时注意与口头语言节奏的整体和谐。体态语言如微笑、手势、身姿、服饰等。古人云："诚于中，形于外。"[①] 许多优秀的思想政治理论课教师正是通过恰当的各种体态语言的辅助，来有效地表情达意、传递信息、促进师生互动、增强教学效果的。

（2）情感节奏

情感节奏是指教师根据不同的课程及其教学内容，在情感表达上所展示出来的欢快或沉重、崇敬或憎恨、舒缓或急迫、庄重或诙谐、高昂或低沉等有规则、有秩序的变化。教师喜怒哀乐的情感变化，会使学生的情感受到感染，从而引起心理上的共鸣。

2. 内蕴节奏

内蕴节奏即教学节奏的内部表现形态，主要包括教学的内容节奏、行程节奏、思维节奏等。

（1）内容节奏

课堂教学内容是教师讲授的主旨。思想政治理论课教学内容节奏的调控，应力求做到：其一，突出重点、详略得当，切忌面面俱到、主次不明。对重点内容，要浓墨重彩、重锤敲打；对次要内容，则应轻描淡写、和风吹拂。其二，抓住难点、深入浅出，切忌难易不分、无的放矢。教师要根据教学内容、教学对象的实际情况，准确把握教学难点，做到深浅相宜、张弛有度。对于难以理解的部分，要注重启发、化难为易，以增强学生的学习信心；对于浅显的内容，则应简略带过或让学生自学，以免学生感觉淡而无味、丧失兴趣。其三，寻找焦点、虚实相

---

① 胡兴松. 节奏调谐艺术 [J]. 中学政治教学参考, 1997, (Z2): 16-18.

间,切忌平铺直叙、单一呆板。思想政治理论课教学要善于捕捉学生普遍关注的重大理论或现实生活中的热点、焦点问题,坚持理论与实际相结合,既有理论讲授,又有案例讨论。教学过程只有虚实结合、曲折起伏、跌宕多姿,才能激发学生的学习兴趣和热情。

(2)行程节奏

行程节奏是指教学速度的快慢行止。节奏过快,会使学生紧张疲劳、"消化不良";节奏过慢,会使学生思维松散、"缺乏营养"。

(3)思维节奏

思维节奏是指师生思维的疏密、张弛、明隐等有节奏的变化。构成节奏的疏和密,将影响到学生的思维状态。密而不疏,学生思维长时间处于亢奋状态,容易疲劳;疏而不密,学生思维过于松弛,注意力难以集中。只有疏密相间,才能使学生思维产生有节奏的变化。

(二)新时代高校思想政治理论课教学节奏的调控要求

懂得音乐的人常把节奏比喻为音乐的"骨骼"和"脉搏"。换句话说,节奏不仅是音乐的基础,更是音乐的生命。作为音乐中最具活力的表现要素,节奏影响和制约着旋律。它通过组织旋律使整个音乐作品有序呈现和丰富表达,弥补了旋律的单调、贫乏。同样音乐素材组成的旋律,在不同节奏的组织下,可以产生不同的表现效果。思想政治理论课教育教学亦如一曲音乐,其节奏和谐与否直接影响着课堂教学进程和教学质量。因此,必须充分发挥教师的主导作用,根据教学内容、教学对象及课堂氛围等,及时调控教学节奏,以实现课堂教学效益的最大化。

1. 教学节奏的调控要因序而定

所谓因序而定,是指教学节奏的调控要与教学过程各个环节的要求相适应,能够体现清晰的教学思路和流程。教学过程是教学活动的启动、发展、变化和结束在时间上连续展开的程序结构。也就是说,各个环节的呈现不是杂乱无章的,而是有其自身的秩序和特定的功能的。因此,各个环节不应是一个基调、一种节拍,而应在力度、速度、密度以及激情度等方面有所侧重、有所区别,以形成井然有序、错落有致、此起彼伏的教学节奏。具体而言,每节课的教学内容有一定的容量,教学时间亦有一定的限制,这就要求教师在突出教学重点、难点的基础上，熟悉各个环节及内容的地位、作用和顺序，明确哪个环节是导入或铺垫，哪个环节是展开或讲解，哪个环节是互动或高潮，哪个环节是应用或提升等，这样才能合理地安排教学内容和分配教学时间，并控制教学的深度、快慢、疏密以及语言和情感节奏。既做到轻重缓急、层次分明，又做到跌宕有序、舒展自如，不仅可以提高课堂教学效率，而且有助于增强教学效果。

2. 教学节奏的调控要因人而变

所谓因人而变，包括两个方面：一是，教学节奏的调控不能强求千人一面，而应根据教师自身的优势与特长，体现不同的教学个性与风格。比如，有的教师善于旁征博引、循循善诱，犹如淙淙流水沁人心脾；有的妙语连珠、风趣幽默、引人入胜；有的则如重槌擂鼓触人心弦，声声敲在学生心坎上。二是，教学节奏的调控要充分考虑学生的实际状况及特点，符合教育教学规律。课堂教学是教师和学生的共同活动，而学生作为活动的主体之一，其年龄特征、接受习惯、学科差异、思维方式、已有认知、思想困惑、成才诉求等，均会影响教学节奏的调控。比如，同样的教学内容或问题，对文科专业学生讲授的深度、互动的范围与理工科专业会有所不同；对于较为浅显或学生在中学即有涉及的知识、原理可加快进度、节奏，而对内容复杂深奥或学生普遍困惑的社会热点问题，则应放慢节奏，启发引导。总之，只有充分发挥教师的主导作用，精心设计和组织教学活动，以通俗易懂的语言、生动鲜活的事例和新颖活泼的形式，努力贴近学生实际，适应学生学习特点，才能激发学生学习的积极性和主动性，也才能使教学节奏产生师生共鸣的良好效果。

3. 教学节奏的调控要因势而制

所谓因势而制，是指教学节奏的调控要根据学生的课堂反应和情势状况，随时进行灵活调整。思想政治理论课教师在具体授课过程中，按照课前设计的方案掌握教学节奏，是完成教育教学任务的重要基础和保证。同时，也要充分认识到，面对情感丰富、思维活跃的教学对象和纷繁复杂、风云变幻的客观形势，无论事先安排如何周到细致，整个课堂教学过程难以尽在教师预设和掌控之中。这就要求教师一方面要善于"察言观色"，注意学生的课堂反应，及时调整教学节奏。比如，当发现学生兴致低落、反应不够积极时，可适当放慢节奏，通过课堂提问、讨论互动，促使学生集中精力，或以生动、形象的视听刺激，活跃课堂气氛，激发学生的学习热情。另一方面，教师要对课堂突发的学情善于"随机应变"，巧妙地调控教学节奏。比如，当有学生对所讲授的理论质疑问难时，教师可抓住契机，放缓节奏，因势利导，或延伸拓展、深化讲解，或顺水推舟、引发讨论；当学生对某个问题普遍难解时，教师可通过适宜调整教学内容、变动教学程序或改变教学方法等，灵活地调控教学进展和节奏。

综上所述，教学节奏调控艺术是教师教学水平和教学造诣的综合体现。需要再次强调的是，课堂教学节奏的科学、有效调控，必须与教学内容相适应、与教学过程相同步、与认知规律相一致、与思维规律相谐振、与教学实际相协调。

第三节 新时代高校思想政治理论课的教育评价

高校思想政治理论课的教学质量与效果，直接影响着大学生的思想政治素质及其健康成长。科学评价高校思想政治理论课的教学成效，是党和国家、社会以及高等学校共同关注的重要课题。深入探讨和研究思想政治理论课教育评价的有关问题，不仅是思想政治理论课教学过程和课程建设的一项重要内容，也是促进马克思主义理论学科建设和进一步增强思想政治理论课教学针对性、实效性的重要手段。

一、思想政治理论课教育评价的主体客体

教育评价的主体和客体是思想政治理论课教育评价结构中的重要因素。它决定了由"谁"来对教育教学进行价值判断，具体评价教育教学的"什么"内容。因此，高校思想政治理论课教育评价的实施，首先要明确评价的主体、客体。

（一）思想政治理论课教育评价的主体

思想政治理论课教育评价主体是指参与思想政治理论课教育评价活动，并按照一定的标准运用科学可行的方法对评价客体进行价值判断的组织或个人。它是思想政治理论课教育评价结构的首要因素，在思想政治理论课教育评价过程中居于主导和支配地位。根据思想政治理论课教育评价的特点以及评价的可操作性，思想政治理论课教育评价的主体主要包括思想政治理论课教学的管理者、思想政治理论课教师、思想政治理论课教学对象等。

思想政治理论课教学的管理者是主管高校思想政治理论课的教育行政部门、高等学校和思想政治理论课教学指导委员会。他们通过制定课程评价方案，组织有关领导、专家通过实地考察、查阅档案、听取汇报、深入课堂、调查问卷、师生座谈等形式，对思想政治理论课教学的领导体制、工作机制、机构设置、课程设置、教学环境、教学管理、学科建设、师资建设、教材使用、教学条件、课堂教学、实践教学、教学成果等进行全面的综合评价。

思想政治理论课教师作为思想政治理论课教学活动的具体实施者，既是教育评价的对象，也是教育评价的主体之一。其评价包括对思想政治理论课教学管理状况的评价、学生学习情况的评价和对教师教学效果的评价。思想政治理论课的教学效果及价值体现在大学生身上。大学生作为思想政治理论课教学对象，不仅是思想政治理论课的学习主体，也是课程教育评价的主体。目前，由学生参与评价教学已成为国内外高校普遍采用的一种评价方式。

（二）思想政治理论课教育评价的客体

思想政治理论课教育评价的客体，即思想政治理论课教育评价的对象。它与思想政治理论课教育评价主体相对应，也是教育评价结构中不可或缺的重要因素。思想政治理论课教育评价的客体主要包括：教师、学生、教学目标、教学管理、教学内容、教学方法、教学条件、教学环境等。

由以上可以看出，教师和学生既是教育评价的主体，又是教育评价的对象。对于教师个体的评价一般包括师德风范、专业素质、教学能力、教学过程、教学效果和教研成果等内容，评价的方法有教师自评、同行评价、专家评价、领导评价、学生评价、社会评价等，而对于思想政治理论课教师队伍整体状况的评价，还应包括教师选配、培养培训、年龄结构、学历结构、学缘结构、职称结构等；对于学生的评价，主要是对学生思想政治品德素质的评价，它是通过考查学生对思想政治理论课基本知识和基本原理的理解、掌握及其在实践中的运用程度和行为的积极变化来体现的。对教师和学生的评价是思想政治理论课教育评价的重点。

教学目标是思想政治理论课教学活动实施的方向和预期达成的结果，是思想政治理论课教学的出发点和最终归宿。高校思想政治理论课教学的根本目标是，教育引导学生深化对马克思主义历史必然性、科学真理性、理论意义和现实意义的认识，坚定对马克思主义的信仰，坚定对社会主义和共产主义的信念，坚定对实现中华民族伟大复兴中国梦的信心，形成正确的世界观、人生观、价值观，增强中国特色社会主义道路自信、理论自信、制度自信、文化自信，不断提升大学生对思政课的获得感，努力培养担当民族复兴大任的时代新人，培养德智体美劳全面发展的社会主义建设者和接班人。这是高校社会主义办学方向的重要体现，也是思想政治理论教育评价的重要依据和重点内容。教学管理是管理者通过一定的组织机构、管理手段，使思想政治理论课教学活动达到既定的教学目标的过程，是思想政治理论课教学有序和有效开展的重要保证。对思想政治理论课教学管理工作的评价，主要内容包括：思想政治理论课的领导体制和工作机制、思想政治理论课教学科研二级机构建设、师资队伍建设情况、有关加强和改进思想政治理论课教学的规章制度等。

教学内容是依据思想政治理论课教学目标而确立的课程体系、教材体系及其所体现的知识体系。为此，对思想政治理论课教学内容的评价应当包括：按照思想政治理论课新方案，落实课程设置和学分、学时；使用马克思主义理论研究和建设工程重点教材——思想政治理论课统编教材；课程教学大纲、教案及配套教材；思想政治理论课教材体系向教学体系的转化；思想政治理论课相关选修课的开设等。

思想政治理论课教育评价，还包括对其教学方法的评价。评价的标准，即要看是否能充分发挥学生学习的主体作用，激发学生学习的积极性和主动性。

教学条件和环境是思想政治理论课教学活动顺畅运行的"硬件"基础和"软件"保障。评价内容包括师资队伍、学科建设、教学经费、办公场所、图书资料、教学设施、实践基地、网络资源，以及校园文化氛围、校风、教风和学风等。

二、思想政治理论课教育评价的指标体系

思想政治理论课教育评价是依据一定的标准来进行的。这个标准也是检查思想政治理论课教学目标实现程度的一种尺度。有了这一标准和尺度，思想政治理论课教育评价才会有依据和参照。因此，评价指标体系的构建是思想政治理论课教育评价工作的关键环节，也是构成思想政治理论课教育评价结构的重要因素。

一般来说，评价指标体系是指由表征评价对象各方面特性及其相互联系的多个指标所构成的具有内在结构的有机整体。构建高校思想政治理论课教学的评价指标体系，应遵循以下原则和要求：一是方向性，即指标体系的建立必须以社会

主义核心价值体系为基本价值导向，反映高校思想政治理论课建设与改革的目标和要求。二是系统性，即指标体系的构建要具有层次性，各指标之间相互独立，又彼此联系，从宏观到微观层层深入，形成一个不可分割的有机整体。三是科学性，即评价指标与评价目标应当一致；评价指标具有典型代表性，能客观、真实地反映思想政治理论课建设与改革的实际状况；各项指标应具有较强的现实操作性、可比性和定量处理；评价指标的权重设置应当合理等。四是简明性，即指标的内涵描述应当直接、明了、清晰；指标的设置不宜繁琐或相互重叠；指标数据易获且计算方法简明易懂。

思想政治理论课教育评价指标体系的构建，一般包括提出评价项目、分解项目指标、明确指标要求、确定指标权重、设计指标等级，以及指标体系的编写、测试和验证等环节。对于思想政治理论课教师的教学状况评价，可分为教学态度、教学内容、教学水平、教学过程、教学效果、教学文件、教研活动、教学成果、教书育人等若干评价项目，组成对教师个体教育评价的指标体系，并对每一指标进行分级和设置权重比例。

三、思想政治理论课教育评价的实施方法

思想政治理论课教育评价方法就是为了完成思想政治理论课教育评价任务、达到教育评价目的所采用的方法。只有运用正确、可行的评价方法，才能得出科学、客观的结论，达到教育评价的预期目的。

目前，高校思想政治理论课教育评价采用的方法主要有目标对照法、实地观察法、抽样调查法、课程测验法等。

（一）目标对照法

目标对照法，就是根据思想政治理论课建设的预定目标，对高校思想政治理论课教学的实际状况加以总结，从而找出成绩和不足的评价方法。它是目标管理法在高校思想政治教育课教育评价中的具体运用，即以目标作为课程评价的依据和出发点，通过测量目标的达成程度判断实际教学效果。因此，目标对照法是高校思想政治理论课教学管理系统化、科学化的重要内容。实施目标对照法应落实以下三个基本环节。

1. 确立预期目标

这一目标是评价主体在一定时期内对高校思想政治理论课建设所要达到的预期结果。比如,《新时代高等学校思想政治理论课教师队伍建设规定》(中华人民共和国教育部令第46号)提出:"高等学校应当设置独立的马克思主义学院等思政课教学科研二级机构,统筹思政课教学科研和教师队伍的管理、培养、培训;高等学校应当根据全日制在校生总数,严格按照师生比不低于1∶350的比例核定专职思政课教师岗位。公办高等学校要在编制内配足,且不得挪作他用;高等学校应当切实提高专职思政课教师待遇,要因地制宜设立思政课教师岗位津贴。高等学校要为思政课教师的教学科研工作创造便利条件,配备满足教学科研需要的办公空间、硬件设备和图书资料;高等学校应当根据全日制在校生总数,按照本科院校每生每年不低于40元、专科院校每生每年不低于30元的标准安排专项经费,用于保障思政课教师的学术交流、实践研修等,并根据实际情况逐步加大支持力度等。"[1]这些要求成为高校思想政治理论课建设的预期目标和课程评价的重要指标。

2. 考察实际效果

思想政治理论课建设的预期目标确立后,需要通过一定的方案和方式来对预期目标成果进行鉴定和评价。这里"一定的方案"是指对目标进行分解和描述,并设置合理的评价权重和评价等级;"一定的方式"包括听取总结汇报、查阅文件档案、实地考察评估、师生访谈座谈等。

3. 纵向横向比较

所谓纵向比较,是指依据思想政治理论课建设的预期目标,比较同一评价对象在不同时期内的发展变化,以考察其对目标的达成程度,肯定所取得的成绩,找到存在的差距。所谓横向比较,是指根据思想政治理论课的预期目标,将某一评价对象的情况与其他评价对象进行比较,以考察其自身特色与创新。只有通过纵向和横向比较,才能更加客观、准确地把握某一评价对象在思想政治理论课整体建设中的实际情况及其评价。

---

[1] 新时代高等学校思想政治理论课教师队伍建设规定[J].中华人民共和国国务院公报,2020,(13):7—11.

(二)实地观察法

实地观察法是指评价主体根据思想政治理论课教育评价的指标体系及相关要求,深入思想政治理论课教学第一线,有目的、有步骤地对思想政治理论课教学过程和效果的各个要素、各个环节进行实地察看和调查研究,从而获得教学的第一手评价信息和直观的感性认识。

根据是否有意设置情景,可将实地观察分为自然观察和控制观察。前者是指评价者在对评价对象不做任何干预的自然情景中进行观察的方法,如在不告知教师的前提下,对教师的授课教案、课堂教学、作业批改、实践报告、试卷评阅等进行观察;后者是指在预先设置的情景中进行观察的方法。

根据观察的内容,可将实地观察分为全面观察和单项观察。全面观察是在一定时间内对思想政治理论课教学的多个方面进行观察,如既观察教学科研机构的设置,又观察教学改革及其实际效果;单项观察是在一定时间内只对思想政治理论课教学的某一方面进行观察,如思想政治理论课教师队伍建设、思想政治理论课实践教学等。

实地观察是一种较为直观、较重感受性的评价方法,其突出特点是实地接近思想政治理论课教学的评价对象,通过"听""看""问"等形式从不同侧面了解评价对象,直接获取不易量化的评价信息,如教学理念、教学态度、教学素养等。这一方法的优点是简单易行,所获得的材料和信息比较真实,而其不足主要表现在对自变量难以控制,不易对观察到的材料和信息作出精确的分析和判断。

为充分发挥实地观察法的优势,在具体运用这一方法时,评价主体要根据评价目的和指标体系,做好充分的准备,包括制定观察计划、明确观察内容、选择观察的方法和手段等;在观察过程中,要做好观察记录,客观、全面地记录所获得的第一手材料和评价信息;在观察结束后,要对所获得的材料和信息进行科学的分析,作出客观的评价。

(三)抽样调查法

抽样调查法是从思想政治理论课教育评价对象的总体中抽取一部分作为样本进行考察和分析,并用样本部分的数量特征去推论总体状况的一种调查方法。抽样调查法的具体实施一般包括谈话法、问卷法等。

1. 谈话法

谈话法是评价主体根据思想政治理论课教学的评价目的和评价指标，通过与评价对象或有关人员直接交谈的方式获取评价数据、信息的方法。比如，为了解思想政治理论课教师队伍建设情况，或者教师的教学过程及其效果，评价主体可以直接与教师代表或思想政治理论课教学管理部门领导交流，也可以与作为授课对象的学生座谈。谈话的方式可分为个别访谈和集体座谈、结构式访谈和非结构式访谈等。

2. 问卷法

问卷法是评价主体根据思想政治理论课评价目的和要求，通过问卷的形式向被选取的调查对象了解情况，获取评价数据、信息的方法。比如，为了解思想政治理论课教师的课堂教学情况，可设计包括教师的教学态度、教学内容、教学手段、教学方法、教学互动、教学效果等问题的问卷，分别由学生、教师本人、同行作答，这样可从不同角度获取教师的课堂教学情况。为使问卷调查收到应有的效果，评价主体要精心设计调查问卷，设计的题目内容必须与评价的目标一致，抽取的样本要有足够的数量且具有代表性；调查结束后，要采用科学的统计方法处理调查结果，以获取客观、可靠的数据和信息。

（四）课程测验法

课程测验法是指通过考核、测定学生对思想政治理论课基本原理和基本知识的掌握，以及运用所学基本原理和基本知识分析问题、解决问题的能力，来了解思想政治理论课的课程设置、组织实施、教学改革和教学质量。课程测验一般以笔试的方式进行，其优点是简便易行、运用广泛，能在同一时间内用统一的试卷测验众多的评价对象，收集大量可供比较的数据资料，而且结果比较客观、可靠。它既可以用来检验学生的学习情况，也可以用来评价教师的教学情况。

为保证课程测验的质量，在编制测验试卷时，既要考虑课程知识的覆盖面，又要突出对重点内容的测验；题目表述要简明扼要、含义单一明确，不应引起学生对题目的不同理解；同时，测验题目要难易适中，具有一定的区分度，能够检测学生的真实成绩和不同水平。借助于测验成绩，从不同角度去分析教学效果。对于整体的水平和分布状态，可用统计分析法；对于整体的达标程度，可采用综合评判方法分析。

第五章　新时代高校思想政治教育的教学方法

本章介绍了新时代高校思想政治教育的教学方法，共分为三节，分别是新时代高校思想政治教育的案例教学法、新时代高校思想政治教育的网络教学法、新时代高校思想政治教育的慕课教学法。

第一节　新时代高校思想政治教育的案例教学法

高校思想政治理论课（以下简称"思政课"）案例教学，是通过以真实事件或虚拟情境为基础形成的教学案例，引导学生进行学习、讨论、思考的教学方法。案例教学具有"以案论理、活化教学内容，讨论为主、调动学生的主体性，问题分析、提高学生掌握并应用所学理论分析、解决实际问题的能力"[1]三大功能，提高了思政课教学的针对性与实效性，使思政课更接地气、更有说服力。

2023年，习近平总书记在主持中共中央政治局第五次集体学习时强调，要"提高思政课的针对性和吸引力"[2]。开展新时代思政课案例教学创新研究，是贯彻落实习近平重要讲话精神的重要举措，也是推动新时代高校思政课改革创新的应有之义。

一、高校思政课案例教学的实践成果

案例教学法是思政课教学中长期使用且行之有效的一种教学方法。"05方案"实施以来，各高校积极开展案例教学并取得了显著成效。

---

[1] 戴艳军. 思想政治教育案例分析 [M]. 北京：高等教育出版社，2001.
[2] 习近平在中共中央政治局第五次集体学习时强调：加快建设教育强国为中华民族伟大复兴提供有力支撑 [N]. 人民日报，2023-05-30（1）.

（一）建构了思政课案例教学较为完备的理论体系

理论只要彻底，就能说服人。所谓彻底，就是抓住事物的根本。为进一步回答"思政课案例教学何以必要，何以可能，何以可为"这一重大问题，学界对思政课案例教学的基础概念、核心范畴、一般规律等进行了系统总结，揭示了思政课案例教学的本质，建构了思政课案例教学多维研究范式，既有对思政课案例教学的基本概念、理论基础、方法论依据等的系统研究，也有对案例教学实践成果的评价及管理研究，以及对思政课案例教学与其他教学方式互联互建的综合性创新研究。同时，一系列案例教学相关的著作、汇编相继出版，如《新时代高校思想政治理论课案例教学指南》（人民出版社）、《新时代·新思想·新实践——高校思想政治理论课典型教学案例100篇》（高等教育出版社）等，表明学界对案例教学的研究从理论自觉走向立足于学科体系的理论自主。

（二）打造了内容丰富思政课案例教学体系

案例是开展思政课案例教学的主要内容，可以说案例内容与教学目标的契合度直接决定了课堂教学的效果。当前学界已经就思政课教学案例编写的原则、方法、具体措施等进行了比较深入的研究，并陆续推出了一批研究成果，打造了一批主题丰富的精品教学案例。许多高校在案例教学方面进行了积极探索，涌现出一批反映学校特色文化的个性化案例群，如延安大学的延安精神案例、吉林大学的黄大年案例、北京理工大学的徐特立案例等，积累了一些好的经验和做法。随着中国特色社会主义进入新时代，思政课教学案例在内容方面更注重推动习近平新时代中国特色社会主义思想、中国共产党人精神谱系等内容的动态融入。例如，有的学者以"研发一个案例、讲述一个故事、阐明一个道理"的叙事形式阐发中国道路、中国制度、中国精神、中国力量，不断深化学生对习近平新时代中国特色社会主义思想的理解和自觉践行。

（三）夯实了思政课案例教学的坚实支撑体系

2016年全国高校思想政治工作会议召开以来，思政课主渠道作用得到进一步增强，各个方面对通过创新教学方法以增强教学吸引力、说服力、感染力的认识进一步提高。2017年，教育部出台《高等学校马克思主义学院建设标准（2017

年本）》文件，将"建设精彩教案、精彩课件、精彩课程资源库"[①]作为标准体系的重要组成部分。2019年，教育部党组印发《"新时代高校思想政治理论课创优行动"工作方案》强调："要组织力量加快编写教学案例解析、学生辅学读本等教学用书。"[②]2022年以来，各高校进一步系统谋划思政课案例教学的目标原则、方向任务、体制机制，统筹规划各类课程和思政课案例资源共享共建协同机制等，加强了思政课案例教学改革的顶层设计和一体推进。

二、高校思政课案例教学落实的基本逻辑

（一）坚持知识活化的理论逻辑

知识是人们在改造世界的过程中对事物客观规律认识的经验性总结，是人类思维的产物。从哲学解释学的视野看，案例分析的核心是意义诠释问题，案例分析的过程实质上是意义生成的过程。因此，案例教学不是已有知识的组合堆砌，而是通过对思想政治教育现实素材的分析、研究和反思，经过一定的思维抽象，把一些模糊的、片面的感性认识以理性知识的形式进行呈现，不断赋予文本语言以意义的增值过程。在案例教学中，要避免对案例内容的照搬使用，充分发挥教师和学生的主观能动性，推动"编写者视域""教师视域"和"学生视域"三域融合，不断赋予案例教学内容以新的理论价值。

（二）坚持育人为本的价值导向

知识是载体，价值是目的，要寓价值观引导于知识传授之中。思政课是高校立德树人体系中的重要一环，决定了思政课案例教学必须坚持正确政治立场，突出对学生的政治引领和价值引导。思政课案例教学通过对学生灌输社会主导的意识形态，进而实现"提高人的思想政治素质为社会全面进步服务"这一目标。要紧紧围绕"培养什么人、怎样培养人、为谁培养人"这一根本问题，教育引导学生坚定拥护"两个确立"，增强"四个意识"，坚定"四个自信"，做到"两个维

---

① 《中华人民共和国学校思想政治理论课重要文献选编》编写组. 中华人民共和国学校思想政治理论课重要文献选编（下册）[M]. 北京：人民出版社，2022.
② 《中华人民共和国学校思想政治理论课重要文献选编》编写组. 中华人民共和国学校思想政治理论课重要文献选编（下册）[M]. 北京：人民出版社，2022.

护",打牢成长成才的思想基础。要牢牢抓住当代大学生的关注点、兴奋点、疑惑点,帮助他们直面错误思潮和纷繁复杂的社会现象,廓清思想迷雾,澄清错误认识,回应学生困惑,引发学生共鸣,提升案例教学的鲜活性、时代性。

(三)坚持系统观念的方法原则

唯物辩证法认为,世界是普遍联系的,联系的观点是物质世界的总特征之一。有什么样的世界观就有什么样的方法论,事物普遍联系要求我们坚持系统观念。开展思政课案例教学的过程,正是对思政课知识结构、话语方式和组织形式进行整体建构和创新的过程,需要将系统观念贯穿始终。要科学审视案例教学在高校思想政治教育中的重要作用,在基础原则、运行机制、实施步骤等方面开展前瞻性思考和整体性研究,瞄准案例教学理论体系建构,共享资源平台建设、师资队伍建设等关键环节,重点领域精准发力,达到以点带面、一体贯通的效果。

三、高校思政课案例教学的实践策略

近年来,党和国家高度重视并不断深化新时代高校思政课改革创新。高校思政课教师开展案例教学必须胸怀大局、把握大势、着眼大事,加快完善科学化、标准化的建设运行体系,不断提高教学质量和育人水平。

(一)打造内涵丰富、特色鲜明的经典案例

案例在思想政治教育中不仅仅是实现抽象知识通俗化和大众化的手段,更承担着发挥政治引领和价值塑造的使命。为了更有效地达到这一目标,需要加强典型示范,积极打造一批经过实践检验、得到师生认可的优秀经典案例。

例如,在打造以中国共产党人精神谱系为主要内容的思政课教学案例时,可以通过真实而感人的事例,展现中国共产党在奋斗过程中所体现的坚韧、担当和奉献精神。通过这样的案例教学,学生能够更加深刻地理解和把握中国共产党人精神谱系的内涵,从而更好地引导他们树立正确的政治观念和价值观。此外,为了确保案例的实效性,还必须在实践中不断验证,从而不断地优化案例,确保其在教学过程中能够产生积极而深远的影响。通过这一过程,案例不仅能够成为实现知识传递的手段,更能够成为塑造学生思想的有力工具,发挥着政治引领和价值塑造的重要作用。

（二）实现思政课案例教学资源共建共享

教育信息化的发展拓宽了受教育的渠道，实现了优质教育资源的共建共享，为化解优质教学案例需求端口与供给端口的矛盾提供了解决途径。一方面，要打造适合共享的标准化案例。完善案例开发流程，在案例开发的"衔接、转换、呈现、检验、征集"各个环节，制定通用的开发标准和技术融入标准，例如，以"图片+视频链接+文字解读"的方式作为案例文本呈现的主要形式，便于案例在后期上传、入库、共享等环节的规范化和一体化建设，形成一个案例开发"标准化网络共同体"。另一方面，要通过建立"两库一平台"（案例素材库、标准化案例库、案例教学资源合作推广平台），激发经典案例的辐射效应和倍增效应，实现不同高校、不同地区思政课教学案例资源的共享，满足教师多样化的教学需求和学生多元的学习诉求。同时要在体系化推进优质教学案例开发的基础上研究案例推进机制，实现从一门思政课到多门思政课推广，从思政课程到课程思政推广，从一校到多校推广，从而不断完善思政课案例教学体系，提高思政课案例教学资源的利用率。

（三）不断提升思政课教师案例教学素质能力

思政课案例教学发生的场景千变万化，教学活动中的因果关系相当复杂，亟须提升教师的教学实践智慧才能保证案例教学的成效。

要从学校层面树立重视思政课案例教学改革的导向，通过完善评价激励机制，鼓励支持思政课教师潜心钻研教学案例编写、多媒体案例开发、案例教学方法研究等，激发教师开展案例教学的积极性和主动性。

要为思政课教师营造良好的科研和教学环境，有针对性组织思政课教师开展案例教学方面的集体备课、专题培训、经验交流等活动，同时要注重强化教学实践锻炼，引导教师在生动的教学情境中深入分析和仔细揣摩"如何教"和"如何学"，打破理论研究和实践操作之间的藩篱，涵养自身的教学实践智慧。

第二节　新时代高校思想政治教育的网络教学法

在新时代背景下，网络技术的发展加大了高校思想政治教育的难度，给其带来新的挑战；同时，网络技术也为高校思想政治教育的创新指明了方向。

因此，新时代应当发挥网络媒体的优势，积极开展思想政治网络教学，改革传统思想政治教育的弊端，使思想政治教育工作更贴近学生的生活，充实高校学生的日常生活与学习。

一、新时代高校加强思想政治网络教学的意义

随着社会的发展，网络已经成为大学生生活中不可或缺的一部分。然而，浮躁的网络环境往往容易对大学生的情绪产生负面影响，可能导致他们对现实生活失去信心或者迷失自我。在这种情况下，高校思想政治网络教学显得愈发重要，它不仅有助于指导学生正确看待网络信息，还能引导大学生树立正确的人生观、价值观和政治观。

第一，思想政治网络教学的崛起打破了教育资源受地域和时间限制的传统观念，使得学习者可以在更广泛的范围内获取教育资源，实现了教育资源的共享化。通过在线平台，高校可以建立多元化的学习资源，为学生提供更加丰富、深入的学习体验。这不仅有助于培养学生对思想政治的深刻理解，还能够引导他们更积极地参与社会实践，形成更为全面的人才培养模式，从而为学生提供更为灵活、个性化的学习环境，推动思想政治教育更为开放、更有成效。

第二，通过网络教学，高校可以最大化地发挥优质的思想政治教育资源。通过引入专业背景广泛的教育者，可以保证思政教育内容的深度和广度，同时，通过在线讨论、微课堂等灵活多样的形式，可以为学生提供更为丰富和生动的教学内容，激发学生的学习兴趣和参与热情。

第三，思想政治网络教学的崛起为高校思想政治教育环境的改善提供了有力的支持，不仅有效推动了大学生对主流价值文化的认同感，同时也促使高校更加关注整体的思想政治文化建设。通过网络技术，高校可以设计富有创意和互动性强的思政教育课程，使学生在参与中体验到学科的深度和广度，进而增强他们的学科兴趣。这种个性化的学习方式有助于激发学生对思政教育的兴趣，使其更主动地投入到学习中。高校还可以通过在线讨论、思政博客等平台，鼓励学生分享和交流自己的思考，进一步促进学生对思政教育的深入思考。同时，利用网络技术，高校可以建立在线学习平台，为学生提供随时随地的学习资源，鼓励他们自主学习。此外，通过引入在线测评和反馈机制，高校可以更及时地了解学生的学

习情况，有针对性地进行教学调整，激发学生的学习动力。通过这样的手段，高校可以逐步优化思想政治教育环境，培养学生对思政教育的兴趣，提升学生的主动参与程度，最终创造出一个有益于思想政治教育的良好校园环境。这不仅有助于满足学生个性化学习的需求，同时也能够更好地引导他们在大学时期形成正确的思想观念和价值观。

二、新时代高校思想政治网络教学存在的问题

（一）思想政治网络教学队伍建设有待加强

经过对数据的深入分析，我们发现虽然有大量参与思想政治教育的人员，但多数属于兼职教师，缺乏同时具备网络技术和素质教育专业背景的人才。究其原因，主要是因为大多数参与教育的个体更多的是以兼职身份参与，缺乏足够的时间和资源来深入学习和应用网络技术。这使得高校在推进思想政治网络教学时，无法充分利用现代技术手段，影响了教学质量和效果。

此外，我们还发现高校思想政治网络教育者的经验水平普遍较低。尽管在2016年的全国高校思想政治教育工作会议后，一些高校加大了对网络教育工作者的引进力度，但依然存在一些教师缺乏专业的思想政治网络教育经验或专业知识的问题。这一现象可能是由于思想政治网络教育相对较新，相关经验的积累相对较少。虽然引进力度有所增加，但仍然需要时间来培养和积累一批经验丰富、技术娴熟的思想政治网络教育者。在这个过程中，一些教师可能因为缺乏实际操作经验或专业知识而在思想政治网络教育中显得力不从心。这一问题对思想政治网络教学的质量产生了直接的影响。由于缺乏经验丰富的思想政治网络教育者，传授网络思想政治知识时难以有效引导学生，加之无法灵活运用多媒体和互动性强的教学手段，这不仅影响了学生对思想政治课程的兴趣和参与度，还可能降低了教学效果，使得思想政治教育无法达到预期的质量水平。

（二）思想政治网络教学方式比较单一

在高校思想政治网络教学中，普遍存在的时代滞后现象使得教学内容未能与时代步伐同步，加之对社会时事关注不足，导致学生对思想政治课程的兴趣不高，这使得学生无法获取最新的社会发展信息，影响他们对社会现象的深刻理解和思

考。其次，现如今很多高校的思想政治网络教学的教学模式依旧是以传统的教师传授为主，缺乏多样性的交流互动形式。这种传统教学方式使得学生在学习过程中相对被动，缺乏与同学和教师深入交流的机会。交流互动的不足限制了学生对思想政治知识的全面理解和实际应用的能力，影响了他们的学习效果。同时，上述问题还会进一步导致学生产生排斥与反感情绪。由于教学内容的滞后和交流互动的不足，学生可能对思想政治课程失去兴趣，认为其内容与社会实际脱节，从而产生学习的抵触情绪。这种排斥与反感可能导致学生对课程的疏远，从而影响他们的学习积极性和主动性。

（三）思想政治教育目标定位不准确

在高校的思想政治教育中，教师不仅要注重传授理论知识，更应强调实效性，使学生能够将所学知识融入日常生活中。对此，思想政治教育者应当将理论知识与学生的实际情况和日常生活紧密结合，力求更贴近学生的需求和兴趣，开展思想政治网络教学工作。这样的教学方式有望提高大学生的综合素养和思想觉悟，使他们更好地应对现实生活中的各种挑战。

然而，从目前高校的思想政治教育的情况来看，存在思想政治教育目标定位不准确的问题。许多学生对这门课程仅抱有完成必修学分的想法，并未真正意识到思想政治教育对于个人精神品质、思想素养以及行为观念的促进作用。这种单纯应付课程的心态，使得思想政治教育无法真正渗透到学生的内心深处，从而使学生缺乏对思想政治教育的积极认同，仅仅将其看作是应付课程要求的一项任务，而非真正理解和内化思想政治教育的价值。

三、新时代高校思想政治网络教学创新策略

随着社会的高速发展和信息化的深入推进，网络技术已经成为推动社会变革和发展的引擎之一。在这一大背景下，高校思想政治教育面临着新的时代课题。为了更好地适应社会发展的需要和当代学生的特点，高校必须主动进行变革，与时俱进，借助先进的网络技术，以更加灵活、多样的方式实现对学生的思想政治教育。

（一）加强思想政治网络教育者队伍建设

在实际思想政治网络教学中，建设一支高素质的师资队伍是保障教学质量和

创新的关键。只有具备综合素养的思政教师，才能更好地适应网络教育环境，为学生提供富有深度和广度的思政教育服务。

首先，思政教师应保持坚定的政治立场，以正面引导学生，促进他们树立正确的世界观、人生观、价值观。在网络教学中，政治教育的导向尤为重要，因此，教师要能够通过网络平台有效传达正确的价值观念，引导学生积极参与社会和国家的发展。另外，教师要具备熟练利用网络工具搜集信息的能力，能够充分利用互联网资源为教学提供支持。同时，教师还需要具备良好的语言表达能力，能够通过网络平台清晰、生动地传达思政内容，引起学生的兴趣和思考。

其次，在推进思想政治网络教学创新的过程中，需要对网络平台管理与运营人员进行科学有效的培训，这包括对其专业技能和工作职责的明确，使他们能够熟练地管理和运营网络平台，保障其正常稳定的运行。同时，对思想政治教育者进行定期培训是确保其教学水平的关键步骤，高校应该通过定期培训来使教育者了解最新的网络教学方法和工具，使其具备更强的竞争力。不仅如此，高校还应定期聘请专家对教师进行学术性培训。专家培训可以帮助教师更好地理解网络教学的意义和价值，提供先进的教育理念和方法，从而提高思想政治网络教学的质量和效果。

最终，通过这些措施，高校将能够在思想政治网络教学领域中建设一支专业、高水平的师资队伍，能够为学生提供更为优质的思想政治教育。

（二）丰富思想政治网络教学载体

思想政治网络教学旨在将高质量的思想政治教育资源注入学生的日常生活和学习中。在当前高校教育环境下，大学生拥有更加丰富的可自由支配时间，而一些高校也采取了混合型和弹性教学模式，为学生提供更为自由的学习时间。鉴于这一背景，思想政治网络教学需要在形式和内容上进行创新，从而丰富思想政治网络教学载体。首先，要借助新媒体平台，广泛传播思想政治教育内容，使其贯穿学生的日常生活。通过利用互联网、社交媒体等渠道，将思想政治教育信息传递给学生，以更加便捷和广泛的方式引导学生关注并参与思政教育。其次，需要通过网络文化节、短视频等多种形式，激发学生对思政教育的学习兴趣。此外，还要积极丰富网络思政教育载体，扩大思想政治教育的影响力。通过多样化的手段，包括线上线下结合的方式，构建起多层次、全方位的网络思政教育平台，使思政教育更贴近学生的需求，从而更好地发挥思政教育在大学生成长过程中的引领作用。通过这些措施，可以不断拓展思想政治教育的影响范围，提高学生的学习积极性，使思想政治教育更加贴近学生的实际生活。

（三）丰富思想政治网络教学模式

丰富思想政治网络教学模式是促使学生学习态度和接受程度改变的有效途径。在思政教学中，教师应当超越传统的知识传授者角色，成为学生关注社会时事的引导者，因此，除了传授传统思想政治教育的理论知识外，思政教师还应该时刻关注国内外的时政热点，使学生对当前社会时事有更为深刻的了解和认识。

为实现这一目标，高校在思政教育方面需要不断更新和增添与学生日常生活、学习相关的内容。通过将教学内容与学生的实际生活紧密结合，提高学生对思政教育的兴趣和主动参与度。这种更新和增添的过程，不仅使思政教育更加贴近学生，也让学生更容易将所学知识与实际生活相联系，形成深刻的印象，促使其更好地理解和接受思政教育内容。在教学方式方面，高校的思想政治教育需要更加注重多样化和趣味性的设计，以激发学生的学习兴趣。为此，高校应积极开展各种形式的思想政治教育活动，使教育过程更具趣味性，更贴近学生的实际需求。通过举办讲座、座谈会、文化活动等，打破传统教育的单一形式，让学生在轻松愉悦的氛围中感受思政教育的深度与广度。同时，高校还需着力提升思想政治教育沟通交流平台的建设水平。可以通过定期邀请社会各领域的优秀人士，如政界人士、学术专家等，在平台上进行交流活动。这种交流不仅使学生能够与社会各界名人直接互动，获取丰富的社会经验，还能够促使学生对现实社会的认知能力得到增强。通过与社会的深度交流，学生能够更好地理解和把握社会的发展动向，使思想政治教育更具实际应用价值。最后，为了更有效地进行网络教学，教师应当善于借助网络技术学习并掌握网络流行话语，了解学生关注的网络话题，以更好地贴近学生的心理需求，使思想政治教育更具有针对性和实际效果。

在实际工作中，教师不能仅仅通过网络技术向学生展示一些思想政治教育的内容，还应该通过具有趣味性和丰富内涵的思想政治教育信息来吸引学生的注意力。举例而言，教师可以采用音频或视频等多媒体形式，将思想政治网络教学内容巧妙融入学生日常生活和时政热点，使得教育内容更加贴近学生的实际经验和兴趣爱好。通过这样的形式，不仅可以提升思想政治网络教学的质量，还能够激发学生更主动地参与其中，获得更好的教育效果。这样的创新思维和实践方法不仅有助于教学内容的传递，更能够培养学生的创新思维和批判性思维。

（四）创建思想政治网络教学平台

确保学生在自由而平等的环境中接受思想政治教育是非常重要的，因此，高校可以采用创建网络思政教育平台的方式，为学生提供自由、平等的学习氛围。这一举措不仅有助于打破时间和空间的限制，使得思想政治教育能够更广泛地触及学生，还创造了一个有益于思想碰撞和交流的学术环境。

首先，思想政治网络教学平台的设立为学生提供了一个自由表达观点、思考问题的空间。通过平台上的讨论区、论坛等功能，学生可以在不受时间和地点限制的情况下积极参与思想政治教育的交流，与他人分享观点和见解。这种开放性的学术氛围使得思想政治教育不再局限于传统教室，更具有包容性和多样性。

其次，通过平台上的互动功能，教师可以与学生进行更加紧密和实时的交流。教师可以通过在线答疑、即时消息等方式及时解答学生的问题，使得教学过程更具针对性和互动性。这种及时反馈的机制不仅有助于学生更好地理解和消化知识，也使得思想政治教育者能够更全面地了解学生的学习情况，从而更灵活地调整教学策略。

通过这样的平台建设，不仅创造了开放、平等的学习环境，也提高了思想政治网络教育的实际效果。在这种互动的教学模式下，学生将更主动地参与到思想政治教育中，促使其更深入地思考，形成更加积极的学习态度。

（五）创新思想政治网络教学的宣传机制

面对网络技术的迅猛发展，高校思政教育者必须深刻认识到网络技术的优势，以及其对高校思政教育发展的深远意义。随着网络技术时代的来临，高校学生接触到思政信息的途径变得更加广泛，这也对传统的思想政治教育和管理方法提出了新的挑战。

因此，当前高校面临的思想政治教育问题需要积极的改革措施，并充分发挥网络技术的优势，创新宣传机制，以促进思想政治网络教学的多元化发展。为了实现这一目标，高校教师应积极参与学生常用的网络平台，如创建公众号，从而为学生提供更生动、有趣的思政内容。在公众号上，教师可以结合学生的学科特点，制作有趣而富有深度的思政内容，通过图文、视频等多种形式呈现。通过这样的方式，不仅可以更好地引起学生的兴趣，而且能够增进其对思政知识的理解和记忆。同时，教师还可以通过公众号发布与时政热点相关的文章，引导学生关注社会问题，培养他们对社会现象的敏感性和分析能力。除此之外，高校还可以借助校园广播、海报宣传、学校官方网站等，全方位宣传思想政治网络教学的优势和成果，使更多的师生了解并积极参与其中。这样的创新不仅能够提高思政教育的实效性，也为高校在新时代更好地适应学生需求提供有力支持。

随着社会的飞速发展，对学生进行思想政治教育的重要性日益凸显。为此，高校应当在思想政治教育方面进行创新，不仅在教育内容上做出调整，更要关注教育方法和模式的更新。现如今，网络技术的广泛应用为高校提供了丰富的教育资源和创新的可能性，因此，高校应当积极有效地利用网络技术，开展思想政治教育活动。通过创新思想政治网络教学模式，可以将传统思想政治教育与现代网络技术相融合，打造更富有活力和吸引力的教学方式。这不仅有助于提高学生的学习兴趣，还能够更好地引导学生形成正确的思想观念和价值观。通过这一创新举措，高校有望在新形势和新时代取得更为丰硕的成果，从而培养出更多的人才，为社会发展注入更强的积极向上的力量。

第三节　新时代高校思想政治教育的慕课教学法

"MOOC"，是 Massive Open Online Courses 的首字母缩写，"慕课"是我们音译而来的。Massive，译为大规模的，指的是课程注册的人数多，一门课程同时学习的人数可以数以万计，没有限制；Open，译为开放，指的是全世界任何角落的任何人，只要想学习就可以通过互联网注册学习，课程对学习者没有要求，不分年龄、不分国籍；Online，译为在线，指的是在网上完成学习，时间空间灵活；Course，代表课程。

Massive Open Online Courses 英文的直译即"大规模开放式在线课程"，是一种将分布于世界各地的讲授者和成千上万的学习者联系在一起的在线网络课程，也可以理解为是一个巨大的教育资源共享平台。不分地域、不分种族、不受时间和空间限制，只要想学习，有一台电脑就可以通过互联网接收到想要的教育。规模宏大、开放性和网络在线系统学习是慕课的独有特征。因此，慕课被形象地称为"教育史上的一次数字海啸"。

一、慕课的基本构成

慕课的构成要素主要包括：微视频学习、课堂讲授、问题探讨与学习小组、测试与评估以及教学评价与反馈机制。

（一）微视频学习

1.制作微视频基本原则

微视频的制作是慕课应用的关键，制作趣味性强、实用性强的慕课微视频是吸引学生主动学习的重要举措之一。微视频的制作主要满足以下三个原则。

（1）教学内容为主，信息技术为辅原则

微视频制作必须兼顾教学内容与信息技术相统一。"教学内容为主"就是慕课微视频制作过程必须注重以教学内容为导向，充分了解教学目标与内容，清楚录制慕课设计以及制作微视频的目的，极大地发挥微视频的作用。慕课是对课堂教学的延伸，是为了满足更多学习者的需要以及解决学习者能力水平之间的差异。微视频制作促使学生在课前充分把握课程脉络，掌握课程基础知识，以便更好地辅助课堂教学，让学生在课程内容学习上更加轻松。从众多微视频资源中可以看到，内容是微视频制作的核心，好的内容，才是微视频存在的意义。

"信息技术为辅"并不是否定信息技术在微视频制作中的价值，其恰恰有着非常重要的作用。信息技术要为教学内容服务，要依据呈现的教学内容选择不同的技术方法呈现，但是离不开微视频短小精悍、实用性强、免费性以及自主性等特征。无论教学方式如何改变和创新，课程的目的都是让学生掌握知识要点；无论是传统教学还是对慕课微视频的使用，都是以服务学生为目的，让他们更好地学习。因此，教师能力水平必须适应教学方法的进步，熟练掌握与之相配套的技术，在微视频的制作中必须把握好内容，使微视频内容生动有趣，不然容易导致学生注意力分散。

（2）短小精悍的原则

短小精悍的原则并不是一味地追求短，而忽视微视频的质量。根据教师的微课制作经验，知识点的微视频制作时间应控制在5—10分钟，以8分钟为最佳。当然，对于不同年级、不同学科的知识点来说，其难度也会有所不同。微视频制作应该根据实际情况具体分析，总的原则是保证微视频制作时长相对短小，减少不必要的话语出现，符合认知负荷理论提出的降低外在认知负荷的要求。教师在录制微视频时使用简练的语言，录制过程中尽量使用短句，避免冗长的句子出现，以免学生不易理解，产生畏难情绪，影响教学效果。

2. 微视频课堂运用

如何正确合理地利用慕课微视频教学对课堂的生成具有重要的影响。

（1）课前

教师首先将自己做好的或者在相关慕课平台上经过筛选的慕课微视频上传或者推荐给学生，学生在自习或者课余时间进行自主学习相关知识，同时完成相应的进阶作业。教师自主设计或者筛选微视频资源，一方面教师对学生的水平及学习能力有一定的了解，能够在学生选择学习资源上提供一些有效的建议；另一方面，在一定程度上排除了误导学生意识形态和价值观的微视频，以使学生很好地学习。教师将自己制作或者筛选的优秀微视频发布在专门的慕课平台，学生可以通过学号在该网上注册一个账号，可以自主选择教师，不用固定上某一教师的课，这样不仅体现了学生学习的自主性，同时督促教师不断丰富完善教学微视频以及提升自身的教学能力。

（2）课后巩固与反思

教师在课后应该设计相应的进阶作业上传网上，便于学生巩固这一章节内容的学习；同时，教师也应该设计相应的实践任务，提高学生的自主探究合作学习能力。教师在这一环节中应该时刻关注学生学习的动态以及学习的进程，在学生面临困惑时及时给予正确的引导和提供有价值的参考建议。教学反思针对的对象不单单是教师本身，更应该是学生学习的结果。教师要及时通过慕课平台上互动环节了解学生对于微视频的建议，以便丰富和完善自身的微视频资源以及课件；同时，教师更应该积极实现资源共享，与其他优秀教师多交流，在实践中不断发展和完善。此外，教师应该督促学生进行学习反思，通过利用慕课平台统计的大数据，及时更改学习方式，选择适合自己的学习资源以及学习进程，提高学习效率。

（二）课堂讲授

在课堂讲授中，由于慕课的引入，课堂不再固定于特定的时间、地点或者时间段，一节课可以是四十分钟、四十五分钟或者是一两个小时，授课时长可以按照主讲教师自己的节奏自由安排。教师可以在学生自主学习某一章内容后，了解相关课程的重难点，再利用大数据将学生这一章内容的学习以及慕课平台上师生之间的互动交流做一个统计表，准确掌握学生学习情况，从而了解学生在学习过程中遇到了哪些问题，教师侧重讲解这些问题，以提升课堂的效能。相较于传统的课堂教学的方式来说，通过慕课学习的学生，教师可以专心进行问题的分析，而无须重复简单的概念性知识点的讲解。在慕课教学中，教师在课堂中不再扮演"主宰者"和"管理者"，而是一位"引导者"。传统课堂教学内容多而杂，忽视将知识点讲通讲精，不利于培养学生发现问题以及解决问题的能力。慕课课堂，教师结合当前时事政治，贴合时代背景，引导学生在教学情境中提升自身自主探索的能力，促使学生形成正确的世界观、价值观以及人生观，从而用科学的方法论武装头脑。

在慕课教学的背景下，教师在课堂中扮演的角色发生了重要的变化，不再是传统的讲授者、管理者，而是被赋予了新的责任和义务，担当学生学习的引导者和指路人。为此，课堂讲授不再是传统的以知识讲授为主，更应该是对具体问题的分析。

（三）问题探讨与学习小组

学习小组的建立对于课程的开展是非常有必要的，学生可以通过建立学习小组进行问题讨论，一方面可以加深同学之间的交流互助，另一方面，可以加强同学之间的思想碰撞。学习小组的成立可以由主讲教师按学号进行随机配对或者学生自由组合，人数最好控制在五人一组并设置相应的学习小组组长。主讲教师可以根据课程内容设置不同层次以及不同类型的问题供学生讨论探究，并且明确前一个问题与后一个问题之间的逻辑联系，并对整个问题链中的各个问题进行逻辑关联。再由小组长组织小组成员定期召开问题讨论，最后主讲教师就同学们存在分歧的问题将所有小组召集在一起进行讨论。

慕课在线讨论平台与学习小组的建立非常重要。师生之间以及生生之间的交流发挥到了极致，增强了教育教学的交互性。通过建立学习小组，学生可以自己组织参加实地考察以及模拟学习。

基于互联网技术的新型通信工具层出不穷，如谷歌视频群聊平台以及其他音频会议服务平台等，这些工具成功植入慕课平台教学中，使得师生之间、生生之间进行的面对面公开讨论问题逐步可以实现。

（四）测试与评估

测试与评估在慕课课程中是一个不可缺少的重要环节。例如，在教师讲座视频进行的过程中，经常会穿插一些即兴提问，便于教师掌握学习者对知识的掌握程度。如果学习者回答正确，就可以得到相应分值的奖励，但是这些分值并不计入期末总成绩中。慕课课程的期末考核多以借助自动评分系统给出成绩，试题类型包括多项选择题、单项选择题、项目匹配题、填空题以及是非题等。有些课程的最终成绩还包括学习者的项目任务成绩，这些成绩由教师或者同伴评定，当然，教师也会事先设置一些评分标准供参考。

目前，适用于多数慕课测试系统的核心方式是线性评估法，如多项选题与类似题型中的自动评分程序。但是，在高等教育教学中，这种评分机制并不完全可行，通过试题的考试是不科学的，还必须结合平时与教师的互动、小组学习情况、实践情况以及课堂问题讨论情况等综合给予评分，这在一定程度上更加符合新人才培养的要求。

（五）教学评价与反馈机制

新教育是一项开发人的创造潜能、增长人的智慧的伟大事业，旨在使每个人的发展达到其应该达到的水平。这就需要我们对教育教学有充足的认识，对培养创新人才的教育活动不断进行评价与反思，掌握评价的基本规律，以创新的视角、创新的思维，积极反思评价的发展趋势与评价中存在的问题，从而推进教育评价创新。慕课主要有四种评价方式：诊断性评价、增值性评价、自身进步评价以及组织质量评价。

二、新时代高校思想政治慕课教学的必要性及优势

（一）高校应用慕课开展思想政治教学活动的必要性

1. 慕课的运用是思想政治教育规律的客观要求

在高校思想政治课程中，应用慕课教学模式，这是未来高校开展思想政治教育工作能够更好地与超越率相适应的一种客观要求。超越律其本质上指的是在教育工作人员开展实际的教育活动过程中，要求应当和学生目前所拥有的思想品德具体情况相适宜，这一规律便称为超越律。其主要涉及两项内容：学生所拥有的具体品德情况，和高校以及教师在开展思想政治教学活动过程中采用的内容以及具体方法存在直接关联性；高校以及教师所开展的相关教育工作，和学生自身的思想品德情况存在一定的反作用关系。所以，从这一点我们能够看出，对于高校思想政治教育工作而言，其在适应以及超越等方面存在着辩证统一的关联性，而且在开展教育工作的过程中，也要求我们应当认识到以人为本的重要性，同时还应当时刻保持着与时俱进这一先进的教育思想与理念。在高校思想政治课程教学工作中，通过应用慕课教学模式，能够确保进一步改善思想政治课堂教学中的氛围，确保学生在开展学习活动过程中的能动性能够得到更充分的发挥，同时，还能够紧密结合高校学生具体的现状，去选择慕课课程所包含的内容，确保教学工作更为灵活且更具有针对性。高校思想政治教学中慕课教学模式的应用，同样也体现出了与时俱进这一先进的理念。

首先，采用慕课教学模式，其自身便是对高校思想政治课程教学工作的一种创新。其次，采用慕课教学模式，所涉及的教学内容同样也是与时俱进的，对于慕课而言，教学内容并非一成不变的，同样也会定期更新，而且其更新速率可以说比教材内容更新速率快很多，这样便能够确保慕课课程内容中不仅会含有课本中的相关知识，更重要的是能够和现阶段社会发展的实际情况存在密切联系，能够得到学生更多的认同。所以，在高校思想政治课程教学工作中，应用慕课教学模式真正地体现出了我国高校思想政治教育中以人为本以及与时俱进的教学理念，这同时也是高校在开展思想政治教学工作过程中适应超越律的一种客观要求。

2. 慕课的运用是适应当今时代发展的必然要求

我国现阶段正处于社会与经济转型的重要阶段，同时随着改革开放进程逐渐

推进，在社会中出现了各种思潮，如信息化思潮以及新自由主义思潮等，这些思潮的出现，对于我们的日常生产以及生活等有着极大的影响，尤其是现阶段所出现的信息化思潮，促进了高校学生视野拓展及思维扩展。在这样的全新社会环境下，若是在开展思想政治教学时，依旧采取以往单纯讲解式教学模式，就很难确保课堂教学的时效性。所以，这就要求我们在进行思想政治教学工作的过程中，应当融入全新的元素与理念，要结合信息化技术以及现代化教学理念，通过对慕课的应用，确保思想政治教学工作的效果能够得以进一步提升，教学质量能够得到进一步优化。

另外，我国社会新常态的发展同样也要求在思想政治课堂教学工作的过程中应当融合慕课教学模式。首先，在我国社会新常态发生改变的情况下，社会经济的发展情况以及方式等均出现了相对大的改变，特别是在互联网得以快速发展的同时，市场对于人才的需求同样出现了改变。所以，对于高校而言，要想更好地与我国社会发展新常态相适应，同时确保我国人才培养工作能够取得更好的成绩，就要在开展思想政治课堂教学工作时，采取全新的方法及理念。其次，我们处于社会的新常态条件下，不同地区之间的交流与沟通变得更为密切，慕课便是这种联系逐渐密切的一种典型表现，而且未来不同地域之间的互联互通也会变得更为密切。慕课教学模式最初出现在国外，将其应用在我国高校教学中，这恰恰体现出了现阶段世界互联互通的发展趋势与要求。

（二）高校应用慕课开展思想政治教学活动的优势分析

慕课不仅仅是教育资源，它还有课程形态和学习管理系统。慕课出现之后，之所以迅速在世界各地掀起热潮，就是因为其自身具有其他载体无可比拟的优点。慕课的特点为其在思想政治课程改革中的应用带来一定的优势。

1. 增强思想政治的教育渗透性

从一定程度上讲，思想政治教育有效性低的根本原因在于，传统的思想政治教育过于强调个体对社会的认同、服从，这直接或间接地削弱了思想政治教育客观存在的满足个体发展需要的价值和功能。因此，思想政治的教育更应关注人本价值，而不能刻意强调政治、灌输、教化的功能。

慕课模式为高校思想政治教育拓展了教学空间和效能。一方面，慕课利用视频、音频、文字、图像等一切传播手段，图、文、声、像并茂，有机地融合在一起，有效克服信息传播的时空限制，向学生展示了一个丰富多彩、自由开放的新世界。另一方面，信息化、网络化的迅猛发展，学生消解了地域之间、校内外之间的边界，因慕课而汇集在一起，教学课程的选择完全取决于学生自己，特点鲜明、见解独到的课程会得到学生的青睐。慕课使传统思想政治课的课堂变小，却使在线思想政治课堂变大。学生不分地域，只要注册就可以参与学习，这与传统思想政治小班制教学是截然不同的。不同地域文化、不同民族文化的多元共存，思想与价值观多元化并存，更能激发学生的深度思考，不断通过此过程的交互，最终实现对马克思主义的认同，树立正确的世界观、人生观和价值观。

2. 提升思想政治课的吸引力和感召力

依托于互联网、人工智能、多媒体信息处理等信息技术的慕课，其各个教学环节实现了学生在学习时间和地点上的自主性选择，这是传统教学无法比拟的。由于参与主体的规模大，所以在设计组织教学内容、组织管理学生、引导学生深度参与等方面，需要突破延续了几百年的传统班级授课制度、标准和规则，建立适合知识经济社会的课堂新秩序，从而更好地促进人的发展。

慕课环境下的思想政治课程，学生课外观看教学视频，课堂上交流、消化与理解、巩固并融会贯通知识点，有利于建成网络化、即时性、交互性、平等性、自主化、趣味性的高校思想政治课。无疑，这样的思想政治课是受到广泛欢迎的，学生可以更加自由、更有效率地接受思想政治理论教育。在促进教学改革的同时，在优质学习资源的共享、学生个性化的发展、自主选择权的强化等方面，都有利于提升思想政治课程的吸引力和感召力。

3. 提升思想政治教师的主导地位

充分发挥教师的主导作用是提高教学质量的保证。教师作为知识的传授者和教学的设计者及组织者，其主导作用主要体现在能否最大限度地引导学生参与教学过程。在传统的思想政治课堂中，教师容易错位为课堂的主体，迷失其教学主导地位，这直接引发学生对思想政治教育课产生反感和抵触情绪。慕课的诸多特点能够有效扭正这种错误偏向，提升思想政治教师的主导地位。

慕课究竟如何体现教师的主导地位？首先，在慕课背景下，教师为了吸引更多的学生积极参与课程，必定深入钻研教材的知识结构，搞清楚新旧知识间的联系，分析学生的认知规律和心理特点，运用适当的教法和手段，突出重点，突破难点，使学生形成良好的认知结构，不失时机地进行富有启发性的引导，当水到渠成时，再对所学知识作出科学的归纳、总结，这是教师主导作用的真正体现。

其次，在慕课运行中，每个细微变量都会被追踪。学生每进行一个操作，包括点击一小段视频、完成了一个作业亦或在讨论课写下评论，这些实际发生的行为都将被数据库捕捉。从这些细小环节收集学生信息，帮助学生理解学习开辟新的途径。

此外，慕课的在线微课能保证不同的学生随时随地进行学习，这避免了现行思想政治课堂中教师"一套教案表演数次"的尴尬场面，减轻教师的体力工作量，让教师能够全身心地研究如何使学生学得更好，更好地发挥其主导作用。

4. 增强学生的主体地位

在传统的思想政治教学中，教师常扮演"布道者"的角色，容易忽视学生的兴趣和实际效果。教师错位为课堂的主体，容易引发学生对思想政治教育课产生反感和抵触情绪。

在慕课这种新颖的教学模式中，学生既可以向教师提问，也可以与同伴探讨问题、交流学习经验等，这强化了教学过程中的平等探讨与互动，有利于凸显学生的主体性。学生在慕课平台中真正地成为课堂的主体，他们能依据自己的兴趣和习惯来掌控和规划活动，这样的环境是一种自由宽松的学习环境，即能调动学生参与课程的积极性，又能充分体现自主性学习的理念。

三、新时代高校思想政治理论课慕课教学对策

（一）打造思想政治理论课精品慕课课程

1. 探索慕课课程规律

想要构建更高品质的思想政治慕课课程体系，要求高校应当寻找到慕课教学和高校思想政治课程教学规律的契合性，应当进一步对慕课教学的规律性加以研究，通过长期的实践确保高校思想政治教学中能够更好地应用慕课，使慕课的作用能够充分发挥出来。另外，对于高校教师而言，同样应当掌握慕课教学的规律性，对思想政治理论课加以重审，确保由以往的教材体系逐渐向着教学体系转变。对于教师而言，应当结合慕课在内容方面短小精悍这一规律性，针对思想政治理

论课的教材加以重新拆分与构建，不仅要保证思想政治慕课课程内容的系统性与完整性，同时还要防止"新瓶装老酒"的问题发生。现阶段，我国一些高校在开展思想政治慕课教学过程中，通过"线上+线下"这种混合教学的模式，在实践中收到了较好的效果，不过，在这一过程中依旧有一些问题存在，这要求我们应当持续地针对思想政治慕课教学内容以及线上与线下教学的时间比加以调整以及优化处理，确保高校思想政治课程教学工作能够和慕课教学实现无缝对接的目标。

2. 优化慕课课程内容

在高校思想政治慕课教学过程中，所制作的课程内容质量如何，将会在很大程度上对慕课教学的质量以及学生学习慕课课程的积极性造成影响。

在慕课制作的过程中，应当对思想政治课程所使用的教材进行合理处理。现阶段，我国各个高校所采用的教材内容基本一样，不过，在开展教学工作的过程中，教师应当结合实际的教学情况以及慕课教学的特征与规律性，对思想政治理论课教材中所包含的经典理论深入挖掘以及重组，通过采取更易理解以及更易被学生接受的方法将思想政治理论课教学内容呈现到学生面前，把所要讲解的知识点全部讲解清楚，确保思想政治理论课相关理论知识能够对学生产生更大的吸引力。

同时，教师在进行思想政治慕课课程内容制作过程中，还应当紧密结合当下学生比较关心的社会实例，在实例讲解的过程中对思想政治理论课所包含的理论知识讲解出来，通过"讲故事"的方式对社会中的现象进行分析，让学生能够在不知不觉中接受思想政治教育。

3. 创新慕课课程设计

应当对慕课视频中的知识点进行准确与严格地划分。在高校思想政治慕课教学工作中，慕课视频是开展思想政治教学工作的重要载体，要想确保思想政治慕课教学能够更好地由教材体系逐渐地向着教学体系进行转变，就应当确保慕课视频内容的设计更加科学与合理，要确保对教材中的内容加以合理的拆分，然后再对拆分后的内容进行科学重组，将慕课视频划分为不同的知识点，在进行内容设计过程中，除了做到科学性与系统性之外，同时还应当做到趣味性以及新颖性，只有做好了此项工作，才能够确保思想政治慕课教学工作的质量与效果得以进一步提升。

要确保思想政治慕课课程线下教学工作能够和线上视频形成紧密的衔接，确保线下课程所包含的内容和慕课视频讲解的内容一致，二者之间能够形成连贯整体，能够达到相互启发的目的。线下课程的安排在结合学生学习情况的基础上，还应当进一步地对慕课视频内容加以拓展与延伸，在满足学生好奇心的基础上，采取创新的教学形式以达到教学育人的目标。

（二）提高思想政治理论课慕课的师资力量

1. 加强思想政治理论课师资队伍建设

师资队伍的建设是决定着思想政治理论课发展与进步的重要因素，加强思想政治理论课师资队伍建设是提高教师教学质量和数量的前提，是高校教育发展的需要。

要加强思想政治教师的师资队伍建设需要从以下几个方面进行。

（1）加强教师的科研水平

科研水平是教师教学能力的重要组成部分，高校思想政治教师的科研水平直接关系到教师的教学水平与教学内容，科研水平不高的教师，对课程内容没有创新，没有自己的学术成果，不论是在思想政治理论课课堂教学中还是在"慕课"平台上，学生都较少会选择科研基础薄弱的教师的课。没有较高的科研水平和科研成果，就没有思想政治教育教学的高水平，也无法实现思想理论课教学的理想效果，因此，提高教师的科研水平是加强思想政治理论课师资队伍建设的前提保障。思想政治教师应该加强学术研究，增强科研能力，在课余时间刻苦钻研，勇于探索新问题，加大思想政治理论科研力度。高校应该为教师提供更好的条件进行科学研究，适量减少教师的教课压力，定期组织学术讲座，加强教师之间的学术交流，从而达到教学与科研的平衡发展。

（2）加强教师对教学方式的创新能力

优质的师资队伍对教学方式需要有自己的创新之处，传统的课堂教学以教师单一授课为主，课程内容比较枯燥，学生参与课堂积极性不高。因此，改进传统教学理念、革新教学方法，关系到高校思想政治理论课的实效性。慕课是对传统课堂式教学的一大创新，提高教师的创新教学方式有助于提高学生参与课堂的积极性，同时也是加强师资队伍建设中的一个重要环节，培养教师创新教学方法，不断加强教师队伍建设，完善教师教学方式。在学习上，教师可以根据学生的兴趣进行不同的教学方式创新，理论与实践相结合，将课堂内容更多地与实践相结合，充分运用慕课平台中的微视频教学、趣味问答、课堂测试环节，充分发挥学生学习的积极性与创造性。

（3）创造师资队伍建设的良好氛围

高校应该为思想政治师资队伍建设创造良好的氛围。教师队伍建设需要相应法律法规的保障，学校在师资队伍建设方面要发挥作用，要合理规划教师教学安排、课程结构、课程人数安排，为教师教学做好保障，使教师能够在合理的工作安排中不断提高自身的科研能力。为思想政治理论课的师资队伍建设营造良好的氛围，不断整合师资队伍，加强师资队伍建设，提高教学水平，完善教学内容。将慕课运用到高校思想政治理论课教学中，使学生观看到更多优质的教师授课，集中整合全国优秀的教师资源，实现教师资源的最优化，从而实现资源共享。

2.增强教师运用慕课平台的能力

慕课的出现打破了传统课堂式教学的教师单一授课方式，慕课是基于网络背景下的大规模开放性网络课程教学，高校可以通过对教师的集中培训来增强教师运用慕课的能力。

首先，应加强教师对慕课的应用。不同年龄的教师对新兴事物的接受能力不同，对其应用的熟悉程度也不同，为了教师更好地运用慕课系统，高校应在慕课加入思想政治理论课前期对教师进行培训，使每一个教师能够熟练应用慕课，将慕课与教学实践相结合，使课堂教学更加生动，进一步完善教学内容。

其次，在教师对慕课的运用达到一定熟知度的基础上，进一步增强教师运用慕课平台的能力。慕课时代的到来，打破了传统课堂教学的灌输式教学模式，出现了"翻转课堂"，所谓"翻转课堂"，是相对于传统的课堂上讲授知识、课后完成作业的教学模式而言的。它是指学生在课前观看教师事先录好的或网上下载的教学微视频以及拓展学习资料，而课堂时间则用来解答学生问题、订正学生作业，帮助学生进一步掌握和运用所学知识。"翻转课堂"是基于慕课平台出现的，教师要加强运用慕课平台的能力，"翻转课堂"实现的前提是学生根据教师提供的优质教学视频，对知识点进行自主学习，将自己所学知识点中存在的问题在课堂上与教师进行互动交流，增强教师运用慕课平台的能力，促进教师合理运用"翻转课堂"的学习方式。

最后，增强教师运用慕课平台来加强与学生之间的互动。慕课平台下学习者可以进行交流互动，教师可以利用慕课这一特点，加强与学生的交流互动，学生可以在提前观看教师录制好的视频时，与慕课平台上的学习者进行讨论，教师也可以在课前通过慕课平台与其他高校的教师进行交流互动。在课堂上，对学生在慕课视频学习之后存在的问题进行解答，与学生进行讨论，共同解决问题。学生在慕课平台上进行交流互动的基础上，在课堂上与同学进行深度交流，这既有助于加强学生对问题的理解程度，又能合理分配课堂时间。因此，教师要增强运用慕课平台的能力，将慕课平台的优势运用到教学中，尽快适应慕课平台带来的教学方式的变革、教学内容和沟通机制的创新。

（三）加强学生自身建设

1. 增强学生主体意识

（1）引导学生认识自我

在高校开展思想政治慕课教学工作的过程中，学生的学习过程与基础教育阶段受到家长以及教师严格的监督情况存在显著差异，其属于一种主动接受知识的学习过程，而学生通过思想政治慕课的学习，其最终目标并非为了获取相应的技能，其最终的目的是确保学生能够得到更加全面的发展，而在这一过程中教师仅仅是指导者，学生才是整个学习过程的主体。在思想政治慕课教学时，学生应当能够充分地认识到自己在学习过程中的主体地位，只有在学习时充分发挥自身能动作用，才能够确保取得更好的学习效果，才能确保思想政治慕课教学工作更加顺利地开展。所以，对于教师而言，应当积极对学生进行引导，要让学生能够更加正确地认识自我，在学习过程中更具备主动意识，能够更加主动与积极地和教师以及同学开展交流活动，积极参与到慕课课程学习的过程中，进行沟通，与教师、同学有效地解决自己学习中遇到的各种问题。

（2）锻炼学生自主探究的能力

对于学生而言，要想更好地适应思想政治慕课教学新模式，应当进一步提升自身的自主研究能力，要能够了解学习活动中的各种技巧。在开展思想政治课程学习过程中，由于慕课的形式和之前课堂教学的形式之间存在相对较大的差异性，一些学生往往会因为一时的不适应而出现较强的抵触心理。究其原因，主要还是因为学生自主学习与探究的能力不强，在慕课课程学习的过程中无法掌握有效的方法，而且不能主动地开展学习活动。所以，要求学生通过积极参与线上以及线下讨论与交流，发现问题能够主动地解决，并能够主动地提出问题，以进一步提升自身自主探究能力，从而保障学习思想政治慕课课程的效果得以提升。

2. 加强自我管理能力

学生应当认识到，进行自我管理对于未来自身的成长与成才是非常重要的。在高校学生的日常学习活动中，学生不可以仅仅按照自己的喜好而草率地决定选修哪一门课程，要求学生应当能够做到自我管控，在遵守学校合理安排的前提下，结合自身发展的实际需求，对于每一门课程都能够认真地看待。思想政治慕课课程主要的目标是确保学生能够建立起更加正确与科学的人生观、价值观以及世界观，因此，对于学生而言要确保能够安排更多时间进行思想政治慕课课程学习，这样才能够取得更好的学习成绩。

（四）采取师生双向互动的教学模式

传统思想政治理论课课堂教学，主要以教师授课为主，学生只是单一地接受教师讲授的课程，因此学生的积极性不高，教师与学生之间的互动也很难开展，致使学生对知识的掌握程度不够深入。要想打破传统课堂式教学的局限性，就要加强教师与学生之间的互动。现代思想政治教育只有加强教育者与受教育者之间的互动，才能充分调动学生的积极性，才能防止形式主义，取得实效。在教学过程中，学生对课程的积极性最为重要，教师应该不断改善课堂教学方式，充分利用慕课的优势，积极探索各种具有针对性的课堂教学方案，促进师生双向互动的教学机制的完善。

在教师和学生双向参与教学中，要促成教师的"教法"与学生的"学法"相辅相成，可以借鉴以"微课程"为教学单元的路径，从教师课内教学、学生课外学习两个互补层面开展教学活动。教师和学生共同完成慕课制作、学习，共同学习名师的授课视频。学生在课前自主观看视频之后，会对问题存在不同角度、不同层面的认识，课堂讨论有利于促进师生的双向互动，在课堂交流中，教师根据学生在观看慕课视频之后产生的问题进行解答，学生也可以就自己在观看过程中存在的疑点与教师交流，学生与教师之间针对问题进行讨论，学生由被动接受知识到课堂主动参与谈论，发挥了学生的主体能动性，从而更好地调动了学生的积极性，实现了教师与学生双向互动。

基于慕课平台，在课堂上教师对学习者提出的问题集中答疑，以一对多形式进行互动；授课教师还提供每周两小时左右的论坛在线时间与学生开展交流，课后测试通过客观题与学习者进行一对一的实时互动交流。课堂提问也有助于促进师生双向互动，在这一环节上，教师主要起引导作用，引导学生积极参与到教学中，主动思考，更好地与教师互动与交流。

第六章 新时代高校思想政治教育的队伍建设

本章对新时代高校思想政治教育的队伍建设进行了深入探究，主要通过三节内容加以阐述，分别为新时代高校思想政治教育队伍建设的目标与意义、新时代高校思想政治教育队伍建设的策略与路径、新时代高校思想政治教育队伍建设的保障机制。

第一节 新时代高校思想政治教育队伍建设的目标与意义

一、新时代高校思想政治教育队伍建设的目标

高校思想政治教育队伍建设的目标是要打造一支政治强、业务精、作风正、运转高效的思想政治教育队伍，实现高校思想政治教育队伍的高素质及数量、结构、管理的合理与完善。

（一）素质优良

高校思想政治教育工作者的素质，指能有效实现自己所担负的主体性功能而应具备的一系列素质的总和。思想政治教育队伍是思想政治教育的组织者、实施者、指导者和调节者，其素质的高低直接影响着思想政治教育的效果。高校思想政治教育队伍只有具备良好素质，才能提高大学生思想政治教育队伍建设的针对性、实效性和吸引力、感染力。

中国特色社会主义已经进入新时代，新时代新形势不仅引起了人们经济社会生活的重大变化，而且也引起了人们生活方式、思维方式、精神状态、价值观念

和社会心理上的重大变化。在这样一个新的历史时期，高校思想政治教育如何跟上时代的步伐，适应改革和建设的需要，是高校思想政治教育工作者面临的新课题。高校思想政治教育要迎接新挑战、取得新成绩、开创新局面，关键是要进一步提高高校思想政治教育队伍素质。这不仅是高校思想政治教育本身的要求，也是高校思想政治教育工作者履行自身职能和责任的要求。在高校思想政治教育过程中，思想政治教育队伍担当着多重角色，包括教育者、管理者和服务者角色。每一种角色都要求一定的素质和能力。高校思想政治教育对队伍建设的要求主要体现在以下几方面素质的提高。

1. *政治素质*

思想政治教育是党的事业和社会主义意识形态建设的重要组成部分，具有强烈的党性和阶级性。具备良好的政治素质，是思想政治教育工作者应当首先具备的基本素质，是思想政治教育工作者素质的核心。

政治素质有很鲜明的时代特色，不同时代思想政治教育工作者政治素质内涵是不同的。新时代高校思想政治教育队伍的政治素质主要包括以下几个方面：第一，坚持党的基本路线，忠诚于社会主义事业。贯彻党的基本路线是思想政治教育的主要任务。在党的基本路线的指导下，用中国特色社会主义共同理想和实现中华民族伟大复兴的中国梦把全体人民团结在党中央周围，坚持社会主义道路，坚定不移地贯彻中央精神，服从和服务于全党工作的大局。第二，坚持党性原则，具有强烈的事业心和高度的责任感。思想政治教育是党实现政治领导的重要途径，作为党的思想政治教育工作者，必须具有坚强的党性，自觉地按党性原则办事，在思想上、政治上和党中央保持一致。要做到这一点，思想政治教育工作者必须增强马克思主义理论素养，坚持个人利益服从党的利益，坚定为共产主义事业奋斗终身的信念。思想政治教育工作者要热爱党的思想政治教育事业，在自己的工作岗位上忠于职守，充分发挥主动性、积极性和创造性，努力把工作做好，为党的思想政治教育事业奉献自己的才华和力量。第三，具有较高的政策水平。政策和策略是党的生命。思想政治教育工作者政策水平的高低，决定着思想政治教育水平的高低。思想政治教育工作者的主要任务之一，就是要宣传党的路线、方针和政策。这就要求思想政治教育工作者必须率先理解党的政策，掌握党的政策。如果思想政治教育工作者对党的政策不明白、不理解，其后果则十分严重。第四，具有较高的政治水平。思想政治教育工作者政治上要能够辨别是非，在错综复杂的形势面前，要能够把握住正确的政治方向；要具有较高的政治觉悟和党性修养，以充分发挥思想政治教育工作者的模范和表率作用。

政治素质的具体要求无论怎样变化，理想信念都是核心要求。习近平总书记将理想信念比作共产党人精神上的"钙"，"没有理想信念，理想信念不坚定，精神上就会'缺钙'，就会得'软骨病'"[①]。没有理想信念，政治立场就不坚定，就不能成为好的思想政治教育工作者。思想政治教育工作者必须树立正确的理想信念，因为正确的理想信念是教书育人、播种未来的指路明灯，也是完成思想政治教育任务的前提条件。

2.思想素质

思想政治教育工作者担负着对教育对象的宣传、教育、导向重任，应该具有较高的思想素质。

首先，高校思想政治教育工作者要坚持马克思主义的立场、观点、方法。要做好思想政治教育工作，思想政治教育工作者自己的思想观点一定要正确。因此，思想政治教育工作者要努力提高自己的思想觉悟，树立马克思主义的世界观，在学习和实践中不断提高自己的思想觉悟，使主观认识符合客观事实发展的规律，运用马克思主义的立场、观点和方法，分析周围环境和人们的思想，有的放矢地做好思想政治教育工作。

其次，高校思想政治教育工作者要具备现代化的思维方式和思想观念。思维方式是指以一定的社会文化、知识结构、方法等因素所构成的思考问题的方法和程式。社会存在决定社会意识，社会主义现代化建设需要和造就现代化的人，而思维方式的现代化是人们思想现代化的先导，如果没有思想政治教育工作者思维方式的现代化，就不可能通过思想政治教育工作去塑造现代化的人。所以，确立现代化的思维方式是思想政治教育工作者思想素养的一个重要方面。我们所处的时代是新技术革命突飞猛进的时代，这必然给我们带来许多新的矛盾和新的问题。为了适应时代要求，更新观念已迫在眉睫。思想政治教育工作者必须抛弃陈旧观念，树立新的观念，用新的观念来看待和评价现实的人和事，这是新时代对思想政治教育工作者的基本要求。

---

① 习近平. 习近平谈治国理政[M]. 北京：线装书局，2022.

最后，高校思想政治教育工作者要具有良好的思想作风。良好的思想作风是取得思想政治教育成功的基本保证，高校思想政治教育工作者应该努力培养实事求是、公正民主、严以律己、批评和自我批评、谦虚谨慎、艰苦奋斗的作风。

3. 知识素质

思想政治教育是一项综合性、知识性和专业性极强的工作，没有丰富的知识是无法驾驭的。丰富的理论知识是思想政治教育工作者施教的武器，缺少理论知识，思想政治教育就势必成为肤浅的空谈。进行思想政治教育，光有政治素质与道德修养还不够，还须有一定的教育功底，习近平总书记将其形象地比喻为要有"几把刷子"。习近平总书记要求，宣传思想工作者要"真正成为在理论上、笔头上、口才上或其他专长上有'几把刷子'、让人信服的行家里手"①。也就是说，除政治坚定和道德高尚外，思想政治教育工作者还要有扎实的理论素养和过硬的教育能力，要能写会说。高校思想政治教育队伍建设中要求选聘的人才必须具备广博的文化知识，要有扎实的理论基础以及较好的专业技能。具体来讲，思想政治教育工作者不仅要具备比较系统的马克思主义理论修养，还要具备思想政治教育的专业知识和辅助知识。

首先，高校思想政治教育工作者要掌握马列主义和马克思主义中国化最新成果，这是对思想政治教育工作者的基本要求。对受教育者进行马克思主义理论教育是思想政治教育的主要内容和主要任务。掌握了马克思主义理论，即掌握了思想政治教育的思想武器和思想政治教育的主要内容。理论是行动的指南，理论上的成熟是政治上成熟的基础。思想政治教育工作者能否做好思想政治教育工作，思想政治教育能否有成效，在很大程度上取决于思想政治教育工作者的理论水平高不高，理论根底厚不厚，理论基本功过硬不过硬。有些思想政治教育工作者感到工作吃力、事倍功半，对马克思主义基本理论知之不多、理解不深是重要原因。因此，要提高思想政治教育的质量，就必须努力提高思想政治教育工作者的马克思主义理论素养。

其次，高校思想政治教育工作者要熟悉思想政治教育的专业知识。这是做好思想政治教育的基本条件。思想政治教育的专业知识主要是指党的思想政治教育的基本理论、基本知识和基本经验以及与思想政治教育比较密切的心理学、教育

---

① 中共中央宣传部. 习近平总书记系列重要讲话读本 [M]. 北京：学习出版社，2014.

学、伦理学、社会学等专业知识。只有掌握这些知识，做好思想政治教育工作就有了坚实的基础，才有可能成为思想政治教育的内行和专家。

最后，高校思想政治教育工作者要掌握一些必需的辅助知识。思想政治教育工作者具备广博的知识，可以提高工作的有效性。为此，思想政治教育工作者应该有意识地学习历史学、逻辑学、法学、美学、民族学、宗教学、文学艺术等方面的知识，特别是在网络信息时代，思想政治教育工作者必须掌握计算机、网络方面的知识和技能。此外，思想政治教育工作者还应该对受教育者的专业基础知识有所了解。这样，思想政治教育工作者既懂教育又懂专业，与受教育者容易沟通思想，即使是教育和批评，也具有说服力和感染力，容易使人心悦诚服。

4.心理和身体素质

较强的心理和身体素质是思想政治教育工作者赖以完成思想政治教育任务的重要基础。

良好的心理状态和较强的心理素质是保障思想政治教育任务顺利完成的必要条件。高校思想政治教育队伍具备了良好的心理素质，才可能灵敏地调节自己的情绪，维持心理平衡，创造一个良好的心境，沉着应对外界的各种刺激，保持深沉、乐观的精神状态，在教育过程中以自身的良好性格和果敢的意志等素质去影响和感染教育对象，从而增强思想政治教育的实效性。

身体是革命的本钱。体魄健壮、精力充沛是思想政治教育者必须具备的身体素养。思想政治教育的任何一项具体工作，如调查研究、科研、教学、谈心等，都要付出巨大的心力和体力。只有身体健康，才能精力充沛；只有身体健康、精力充沛，才能保持敏捷的思维，才能巧妙地运用各种因素、机遇推动思想政治教育工作的开展，顺利地实现思想政治教育的目标。

（二）规模适当

唯物辩证法认为，事物是质和量的统一体，二者相互制约、相互影响。如果事物的质量不高或是数量不足，都会影响事物的发展。因此，高校思想政治教育队伍建设，一方面要高度重视思想政治教育队伍的总体素质；另一方面也要充分重视高校思想政治教育队伍的规模，必须保证队伍的数量，使队伍达到合理的规模。这是因为思想政治教育队伍的数量不足，特别是在数量低于基本需求时，会直接影响思想政治教育的实施和人才培养的质量。从一定程度上讲，高校思想政治教育队伍的规模越大，思想政治教育工作者个人承担的任务就轻，更有利于工作质量的提高。当然，高校思想政治教育队伍的数量也不是越多越好，数量过多，人浮于事，容易导致相互推诿、扯皮，最终也会影响工作的效率和水平。因此，要充分重视高校思想政治教育队伍的规模，必须保证队伍的数量，在满足思想政治教育工作需要和保证效率的前提下，保持思想政治教育队伍合理的规模。

从现实来看，近年来，随着高校思想政治教育队伍建设的不断推进，高校思想政治教育队伍规模虽然也在不断扩大，但是高校思想政治教育工作者的人数增长速度远远跟不上学生规模的扩张，思想政治教育队伍总体数量不足的问题一直没有得到很好的解决，特别是在一些民办院校和独立学院，思想政治教育队伍数量不足的现象还很普遍，"缺编"问题更为严重。在思想政治教育队伍数量不能满足高校思想政治教育需要的情况下，思想政治教育工作者不得不超负荷工作，工作质量难以得到保证。例如，由于高校思想政治理论课教师数量不足，每个思想政治理论课教师不得不承担很重的教学任务，很难保证教学质量。同时，由于思想政治教育队伍数量不足，思想政治教育工作者承担了超负荷的工作量，客观上没有时间去进修、培训和进行理论研究，这严重影响了思想政治教育队伍整体素质的提高，进而影响了高校思想政治教育工作的质量和水平。

当下高校思想政治教育队伍建设亟待解决的问题是扩充队伍总量。高校要采取切实措施，要尽快达到国家规定的基本标准，并在此基础上进一步扩充队伍数量，使队伍维持适当的规模，以满足高校思想政治教育的需要。

（三）结构合理

高校思想政治教育队伍是一个由多个层次构成的集体，同时每个层次又是由多个个体组成，这就意味着思想政治教育队伍建设存在结构优化的问题。同样多的人和部门，同样的工作任务，不同的人员的配备方式、人员构成和组合方式，队伍必然会产生不同的工作效能。合理的队伍结构可以更加有效、更加快速地提高思想政治教育队伍的工作效率。因此，高校思想政治教育队伍建设的一项重要任务，就是要考虑如何科学配备人员，如何优化队伍的性别结构、年龄结构、学历结构、专业结构和职称结构，如何对人员进行合理分工，最大限度地发挥出这支队伍的工作效能。

在思想政治教育队伍结构上，高校要从年龄、学历、职称、性别等方面给予合理的配备。

一是合理的年龄结构。思想政治教育工作有其特殊性，即年龄偏大一些的老师具有较为丰富的社会阅历和理论沉淀，具有经验上的优势；而年龄偏小的老师虽然没有过多的工作实践经验，但是他们能够了解大学生的现实生活问题，理解大学生的思想。因此，在构建思想政治教育队伍的时候，要充分考虑年龄结构，充分发挥各个年龄层次管理者的优势和各自的积极作用，形成良好的整体效应。

二是合理的专业结构。思想政治教育是一项综合性的工作，需求的人才是多样化的。做好思想政治教育工作，既需要思想政治教育专业的人员，也需要掌握现代信息技术的人员，还需要掌握管理学、教育学和心理学等相关学科理论知识的人员。所以，高校思想政治教育队伍应该是与思想政治教育相关专业的人才相互配合的集体。

三是合理的知识结构。思想政治教育是一项综合性的工作，对思想政治教育工作者的知识结构有较强的综合性要求。高校思想政治教育队伍建设要在马克思主义指导下以思想政治教育为核心学科，但是仅仅掌握思想政治教育学科的理论，还远远不能适应高校思想政治工作的发展需要。这就要求综合其他相关学科，如教育学、心理学、政治学、社会学、伦理学、管理学、组织行为学的相关理论，综合进行。

四是合理的职称学历结构。高级、中级、低级职称要呈现出橄榄球形状，两边尖、中间宽，学历结构也应如此，这样才能达到一个稳定的状态，形成一个高效协作的团体。

五是合理的性别结构。高校思想政治教育队伍是由不同性别组成的集体，男女在思维方式、行为方式以及心理活动方面存在差异，这些差异必然会在思想政治教育中表现出来，并在一定程度上影响思想政治教育的效果。如果队伍性别构成合理，高校思想政治教育工作者就可以扬长避短，互相配合，就可以增强思想政治教育的效果。

（四）管理有效

管理是做好工作的保障。高校思想政治教育队伍的管理就是有关部门和个人为实现一定的发展目标，通过组织实施学习、教育、培训、管理、制度建设等环节，对思想政治教育工作者进行塑造，促使其得到发展的活动。做好高校思想政治教育队伍的有效管理，就是要让高校思想政治教育队伍所有成员各尽所能，相互合作、齐心协力，释放潜能，提高高校思想政治教育队伍的工作效能，增强高校思想政治工作的实效性，提升高校思想政治教育水平和质量。

高校思想政治教育队伍建设是一项系统工程，需要从不同的层次、领域与环节加以保障。高校思想政治教育队伍的管理，一是要从人才标准、选拔程序、培养培训、职称评聘、薪酬奖惩、退出、绩效考核、工作分析与设计等方面建立健全制度，使队伍管理工作规范化、制度化。二是规章制度要科学合理，要完善、系统、具有操作性。三是要维护制度的权威性，严格按制度办事。总之，可通过对高校思想政治教育队伍建设进行系统的管理流程设计和规范化，激发高校思想政治教育队伍的工作积极性，提升其业务水平，从而改善高校思想政治教育现状，增强高校思想政治教育工作的实效性。

二、新时代高校思想政治教育队伍建设的意义

高校思想政治教育队伍建设，是指高校遵循思想政治工作规律和人才培养规律，选拔、培养、管理和考核思想政治教育队伍，提高思想政治教育队伍工作水平，实现高校思想政治教育目标的实践活动。

重视思想政治工作队伍建设，是党的思想政治工作的宝贵经验。实践证明，当思想政治教育队伍坚强有力的时候，思想政治工作开展得就顺利。加强思想政治教育队伍建设，对做好新时代高校思想政治工作具有极其重要的意义。

（一）开展新时代思想政治教育的组织保障

高度重视思想政治工作，是我们党的优良传统和政治优势。我们党领导革命、建设和改革的全部历史证明，思想政治教育是团结全党全国各族人民进行伟大政治斗争的中心环节，是经济工作和其他一切工作的生命线。大学生是国家的未来、民族的希望，对于国家、民族有着重要的作用，在提高大学生文化素质的同时要加强他们思想政治素质的培养，只有这样才能使他们真正成为社会主义事业的合格建设者。只有真正把这项工作做好了，才能确保党和人民的事业代代相传、长治久安。

高校是思想政治工作前沿阵地。高校必须把思想政治工作摆在重要位置，努力做好高校思想政治教育工作。搞好高校思想政治教育，必须牢牢抓好教师这个关键，从队伍建设入手，打造过硬的思想政治教育队伍。教师承担着传播知识、传播思想、传播真理的历史使命，肩负着塑造灵魂、塑造生命、塑造人的时代重任，是教育发展的第一资源，是国家富强、民族振兴、人民幸福的重要基石。进一步加强和改进高校思想政治工作，必须配齐高校思想政治教育队伍，完善选拔、培养、激励机制，建设专职为主、专兼结合、数量充足、素质优良的思想政治教育队伍。

改革开放以来，各种文化相互激荡，马克思主义也受到各种错误思想的干扰和冲击。在此背景下，进一步加强高校思想政治教育工作，引导大学生自觉抵制各种错误思潮和不良思想文化的侵蚀，坚定理想信念，认同和践行社会主义核心价值观具有非常重要的意义。这些都迫切需要提高思想政治教育队伍素质，提升思想政治教育水平，增强思想政治教育的有效性。因此，必须加强思想政治教育队伍建设，为做好高校思想政治教育提供人才保障。

（二）中国特色社会主义进入新时代的客观需要

党的十一届三中全会以后，全党和全国人民以经济建设为中心，贯彻执行改革开放的政策，书写了中国特色社会主义建设的绚丽篇章。以巨大的政治勇气和强烈的责任担当，统筹推进"五位一体"总体布局，协调推进"四个全面"战略布局，提出一系列具有开创性意义的新理念新思想新战略，出台一系列重大方针政策，推出一系列重大举措，推进一系列重大工作，党和国家事业取得了历史性成就，解决了许多长期想解决而没有解决的难题，办成了许多过去想办而没有办成的大事，推动党和国家事业发生深刻的历史性变革，中国特色社会主义进入新时代。中国特色社会主义进入了新时代，这不仅是我国发展新的历史方位，也是思想政治教育新的历史方位。

新时代，新使命，新要求。中国特色社会主义新时代是全面建成社会主义现代化强国和奋力实现中华民族伟大复兴中国梦的时代。青年代表着祖国的未来和民族的希望。实现"两个一百年"奋斗目标和中华民族伟大复兴的中国梦，这需要一代又一代青年全过程参与和不懈奋斗。青年一代有理想、有本领、有担当，国家就有前途，民族就有希望。国家和民族的未来和前途，在很大程度上取决于青年一代的面貌。近代以来的历史告诉我们，只有社会主义才能救中国，只有中国特色社会主义才能发展中国，才能实现中华民族伟大复兴。这就决定了我们要把目光更多地投向青年，做好青年一代的思想政治教育工作，全面提高青年的思想道德素质，把青年培养成为拥护中国共产党领导和我国社会主义制度、立志为中国特色社会主义事业奋斗终生的有用人才。对高校而言，尤为如此，这就要求我们的教育必须把培养社会主义建设者和接班人作为根本任务，培养一代又一代拥护中国共产党领导和我国社会主义制度、立志为中国特色社会主义奋斗终生的有用人才。高校只有坚持立德树人，不断培养德智体美劳全面发展的社会主义建设者和接班人，才能让党和国家事业兴旺发达、后继有人，才能实现中华民族伟大复兴的中国梦。

中国特色社会主义进入了新时代，我们面临着前所未有的复杂局面；世界正处于大发展大变革大调整时期，世界多极化、经济全球化、社会信息化、文化多样化深入发展；国内发展黄金期和矛盾凸显期并存，改革进入攻坚期和深水区，各种社会矛盾和问题相互交织纠缠，呈现出短期矛盾和长期矛盾叠加、结构性因素和周期性因素并存等新特点。这种复杂的形势，必然会引起涉世未深、思想不成熟的青年大学生思想上的困惑，产生新的思想问题。面对这种复杂的情况，我们必须加强思想政治工作，提高大学生的思想政治觉悟和辨别是非的能力，大力宣传党的路线、方针、政策，使之成为青年大学生的行动指南。要加强思想政治工作，就必须建设一支高素质的思想政治教育队伍。通过这支队伍，一方面，做深入细致的工作，将党的思想、理论、方针、政策和新时代的历史使命，通过思想政治教育工作者创造性的工作启发，提高大学生的思想觉悟。另一方面，把大学生的心愿、呼声、要求和各种思想倾向及时反映给各级组织，使之能及时解决青年大学生思想中存在的认识问题，满足其实际生活中的各种合理要求。

（三）提高思想政治教育科学化水平的必然要求

思想政治工作作为一切工作的生命线，是我们党不断取得胜利的关键性因素。坚持思想政治工作基本规律，确保思想政治工作科学化水平不断提高，是党的思想政治工作的重要经验。有学者指出："如果说传统思想政治工作更注重经验和个案操作的话，那么随着现代社会的发展和人的精神世界的日益丰富，现代思想政治工作应当更注重理性的建构和共性的研究，增强有效开展工作的科学性支撑。"①如果不提高思想政治教育的科学化水平，就难以保证新时代高校思想政治教育的针对性和有效性。

思想政治教育的科学化，是指思想政治教育要在马克思主义的指导下，高扬科学精神，运用科学的理论和规范去揭示、掌握和运用思想政治教育相关规律，以提高思想政治教育工作的实效性。实现思想政治教育科学化的路径，总的来说是通过实践基础上的学术研究、理论创新来带动人才培养的创新、思想政治教育实践的创新，从而不断提高思想政治教育科学化的水平。无论是学术研究科学化、人才培养科学化还是实际工作科学化，都与思想政治教育队伍的素质直接相关。思想政治教育队伍的素质直接关系思想政治教育科学化水平。

随着改革开放的深入，科学技术的进步以及社会主义市场经济的发展，尤其是随着中国特色社会主义进入新时代，人们的思想观念、愿望要求、工作生活方式都发生了深刻变化。为适应新情况，新时代思想政治教育必须与时俱进，进一步改进和创新，提高科学化水平。思想政治教育科学化的基本要求，是指按照科学的理论、科学的原则、科学的方法做思想政治教育工作，使思想政治教育符合人们思想和行为活动规律，符合思想政治工作规律。

一是完善思想政治教育的理论体系。首先，必须坚持以马克思列宁主义、毛泽东思想、邓小平理论、"三个代表"重要思想、科学发展观、习近平新时代中国特色社会主义思想为指导，继承和发扬党在长期革命建设和改革实践中形成的思想政治工作理论和优良传统，并以此为基础认真分析新情况，研究新问题，总结新经验，逐步形成一套新时代思想政治教育的理论观点，充实党的思想政治教育理论体系。其次，要有分析地吸收多种学科的知识，有批判地吸收国内外成功做法和研究成果，将其融入党的思想政治教育理论体系。最后，要在科学理论的指导下进一步加强对思想政治教育的科学研究，深化对新时代思想政治教育对象的思想行为特点和思想政治教育规律的认识。

二要把先进的技术手段引入思想政治教育。随着科学技术的发展和人们科学

---

① 李俊伟. 对思想政治工作科学性的反思与重构[J]. 马克思主义与现实, 2008, (01): 198-200.

文化素质的提高，在思想政治教育过程中引入更多的高科技手段显得越来越重要。先进技术手段的运用，要求思想政治教育工作者不但要精于专业知识，还必须跟上时代步伐，学习运用新的科学技术。特别是在互联网技术高速发展的今天，一些思想政治教育对象生活于现实社会与虚拟社会的冲突中，显得无所适从，甚至出现沉迷于网络、逃避现实的现象，给新时代思想政治教育带来严峻的挑战。这就要求思想政治教育工作者能够熟练运用互联网技术开展思想政治教育。

思想政治教育科学化，要求思想政治教育队伍既要有从事思想政治教育的实践经验，也要有思想政治教育的学科理论武装，掌握思想政治教育规律。由于种种原因，高校思想政治教育队伍中兼具学科专业素养和实践经验的工作者比较缺乏。有的思想政治教育工作者具有思想政治教育的学科专业背景，但是他们从校门到校门，没有思想政治教育工作经历，或者思想政治教育工作经历不足，在理论研究中从概念到概念，进行纯理论的逻辑推演和理论演绎，不能抓住实践问题的症结和要害，提不出切实可行的解决之策；有的思想政治教育工作者不具备思想政治教育专业或相关学科专业背景，缺乏思想政治教育专业知识，仅凭经验工作。高校思想政治教育队伍的实际状况表明，推进思想政治教育科学化，需要通过选拔、培养、培训、进修以及开展实践锻炼等多种手段，努力提升高校思想政治教育队伍的学科专业素养，丰富其从事思想政治教育的实践经验。

第二节 新时代高校思想政治教育队伍建设的策略与路径

一、强化合作意识，统筹多方力量，形成思想政治教育合力

党政齐抓共管，相关部门和人员紧密配合，形成思想政治教育合力，是党的思想政治教育的宝贵经验。中国共产党刚刚成立时，中央组织机构尚不健全，但设立了组织与宣传部门，负责领导对工人的宣传组织工作，并发挥了重要作用。党的十一届三中全会后，党的思想政治教育组织机构自上而下更加完备和成熟，其动员、组织、宣传的作用更明显。可见，建立健全相应的组织机构和职能部门，党政工团齐抓共管，专业队伍与群众队伍紧密配合，形成思想政治教育合力，是思想政治教育顺利开展和取得成效的重要保证。

高校的根本任务是立德树人，培养社会主义现代化建设的合格建设者和可靠接班人，思想政治教育在完成这一根本任务中负有重要的历史使命。高校思想政治教育是综合性较强的工作，高校思想政治教育能否完成这一历史使命，履行高校思想政治教育的社会责任，关键在于能否形成高校思想政治教育合力。高校思想政治教育的力量分散了，就会减弱高校思想政治教育的效果；高校思想政治教育的合力增强了，就会大大提高高校思想政治教育的整体效应。

首先，高校思想政治教育队伍内部要协调配合。高校思想政治教育队伍是一支由高校党政干部和共青团干部、思想政治理论课教师和哲学社会科学课教师、辅导员班主任和心理咨询教师等组成的专兼职结合的综合性队伍，开展高校思想政治教育工作。任何一支力量单兵作战都是不科学的，都不能达到思想政治教育的综合效果。高校思想政治教育队伍内部分工明确，有着各自的工作职责：党政干部和共青团干部负责领导、组织、协调，宏观把握工作；思想政治理论课教师和哲学社会科学课教师负责对基本理论、知识和党的路线、方针、政策的传递和培养，是一种显性教育；而辅导员班主任和心理咨询教师主要负责日常的思想政治教育工作，在对学生活动的组织中、生活的关怀中、就业的指导中展开工作，产生一种潜移默化的影响。但是在合理分工的基础上，高校思想政治教育队伍内部必须密切配合。如果高校思想政治教育队伍内部缺乏合作，缺乏信息与资源共享，就不能形成思想政治教育合力，甚至还会相互冲突，抵消各自的效用。如有的辅导员对学生的思想政治教育不够重视，经常在思想政治理论课时间安排一些学生来办公室做其他事；有一些党政干部名义上属于思想政治教育队伍成员，但从来都将自己的工作定位于普通的行政工作和管理工作，将自己的工作对象定位于老师而不是服务学生，而思想政治理论课和哲学社会科学课教师同样也是将自己定位于课程教学与科研，对学生课外的思想政治教育行为一概不关心，认为那是辅导员班主任的事。事实上，离开思想政治教育队伍之间的密切配合，是做不好大学生思想政治教育工作的。所以，在高校思想政治教育队伍建设的过程中，要充分考虑到队伍内部各支力量的优势和不足，进行资源合理优化配置，促进这几支力量相互配合、相互作用，形成巨大的思想政治教育合力。

其次，高校从事思想政治教育工作的部门之间要协调配合。高校思想政治教育是一项牵涉高校多个部门的集体性工作，必然需要多部门密切配合，形成思想政治教育合力。高校的思想政治教育工作通常由党委宣传部、团委、党校、学生处、教务处和工会、马克思主义学院等单位共同来完成。高校中的马克思主义学院负责理论教学，这是思想政治教育的重要途径。其他的思想政治教育放在学校党团工作、辅导员工作、教学育人、管理育人、服务育人、课外活动和社会实践中来实现。显而易见，高校思想政治教育各部门密切协同，形成合力，方能有效。但是，从目前情况来看，在形成合力共同推进思想政治教育方面，高校做得还不够，存在力量分散的问题。

再次，高校思想政治教育队伍和其他教职工队伍之间要协调配合。

高校承担着培养德智体美劳全面发展的社会主义事业的建设者和接班人的重任，其中德育处于首要的地位。思想政治教育队伍是高校思想政治教育的主力军，但不是唯一力量。其他专业课教师、行政管理人员、教学辅助与后勤人员均承担着结合本职工作实际开展思想政治教育的任务。高校其他专业课教师、行政管理人员、教学辅助与后勤人员虽然从事的工作内容不同、形式各异，但是在根本目的上是统一的，在教育方向上是一致的，都是为大学生成长成才服务。如果高校教职员工认识不到这种一致性，传播错误观点，必然削弱甚至抵消思想政治教育工作者的教育成效。

高校部门和各类人员之间协调配合，形成思想政治教育合力，形成"全员育人、全程育人、全方位育人"的思想政治教育工作格局，首先要明确各部门和各类人员的职责与分工。分工与合作相辅相成，各部门各类人员之间合理的、明确的分工是合作的基础。在高校，几乎所有部门和人员都会与思想政治教育工作队伍发生联系。对高校思想政治教育队伍而言，他们的职责是比较明确的；对于高校思想政治工作部门而言，在涉及教学业务、思想教育、后勤服务等大的方面的分工是明确的，模糊不清往往发生在具体的、交叉的方面或职责规范的空白点。要改变这种状况，就需要在学校的领导下，划分清楚各部门、人员的责任与任务，规范相关事项沟通与协商的工作程序。其次，要设立协调机构，来协调高校思想政治教育系统各部门各类人员工作；要建立相关制度与配套措施，保证协调机构真正发挥作用，如建立定期的学生工作联席会议制度、工作监督报告制度和各部门之间信息沟通制度等。

高校思想政治教育除了要注重加强校内的合作与整合，形成高校内部思想政治教育的合力外，还应该努力改善外部环境，在党和政府的大力支持下，推进家庭育人、学校育人和社会育人相结合，改变高校思想政治教育是高校的"独角戏"的状况，从而形成高校外部的思想政治教育合力。

高校要以开阔的视野，充分整合全社会的人才资源，建立起一支为我所用的权威的资深校外专家队伍。这支资深专家队伍的来源可以是多渠道的，既可以是党政干部、科研机构和其他高校的专家学者、相关行业领域的资深人士，也可以是思想政治工作领域的行家。凭借这支资深专家队伍的专业优势、行业优势、阅历优势、经验优势等，可以从更广阔的视野、更高的层面、更深的思想深度，前瞻性地预测思想政治教育中可能面临的新情况和新问题，迅捷、有效、科学地指导思想政治教育工作领域内的相关应对工作，规划和指导相关的工作队伍有效开展工作，从而使高校思想政治教育不管在什么情况下，面临怎样的复杂局面，始终应对自如、切实有效。

实践证明，只有加强高校思想政治教育力量和资源的内外整合，才能有效增强高校思想政治教育的合力，进而提升高校思想政治教育的整体效应，推动高校思想政治教育不断向深度发展。

二、强化专业意识，健全选优机制，促进队伍职业化发展

思想政治教育是一项专业性极强的工作，思想政治教育工作者必须具有丰富的专业文化科学知识和较强的能力。建设一支高素质的思想政治教育队伍，是新时代加强和改进高校思想政治教育工作的内在要求和迫切需要，而专业化是高校思想政治教育队伍建设的必然选择和主要目标。思想政治教育队伍专业化是指思想政治教育教师通过专业训练、习得思想政治教育专业知识与技能，并在从业过程中，实施专业自主、遵守专业道德、不断提高专业素质的过程。

合理的知识结构是思想政治教育队伍专业化的前提。思想政治教育是综合性、实践性很强的工作，从事思想政治教育的每一位工作者都必须掌握丰富的知识，具备较为全面的能力结构。

就知识结构而言，思想政治教育工作者要掌握扎实的专业理论知识。思想政治教育是政治性、实践性很强的科学，思想政治教育工作者必须具备扎实的思想政治教育基本理论和党的大政方针方面的知识。同时，思想政治教育学是一门多

学科交叉的应用性学科，它广泛吸收、应用与思想政治教育相关的心理学、教育学、伦理学、政治学、管理学等学科的理论成果，只有熟悉这些相关知识，具备专业知识，才能提高思想政治教育工作者的业务能力和专业水平。

其次是要掌握广博的综合性知识。思想政治教育工作同经济工作和技术工作不一样，它是"做人"的工作，而人是有感情和意识的，这种感情和意识又是不断变化的，思想政治教育工作有着特殊的复杂性。要做好这项工作，不仅要有扎实的专业理论知识，还要了解经济学、美学、法学、历史学、逻辑学、语言学、文学艺术以及统计学、计算机、网络技术等方面的知识。

就能力结构而言，思想政治教育工作者应该具备较强的工作能力。一是思想政治教育工作者应该具备科学的管理能力。思想政治教育管理就其本身而言，管理的科学化是直接的、根本的目标。科学化的管理是规范化管理、制度管理和民主化管理的有机统一。规范化管理要求在思想政治教育管理过程中遵守科学的程序规范和方法规范，杜绝私人感情和片面因素，使思想政治教育这一系统工程能够协调有序地顺利进行。制度是管理活动正常运行的轨道。思想政治教育解决的是人们心灵深处的思想认识问题，其主旨在于塑造人的思想道德品质。思想政治教育是否切实可行，能否取得预期效果，取决于思想政治教育管理的制度化。思想政治教育工作者只有发扬民主作风，坚持民主方法，虚心接受他人意见、建议，不搞"一言堂"，才能保证思想政治教育目标的实现。二是思想政治教育工作者要具备科学的预测和决策的能力。思想政治教育是立足现实、面向未来的活动，其效果只有在将来才能得到体现。因此，强调科学的预测，强化思想政治教育决策的未来意识，有助于遵循人的思想活动发展规律，从而确定思想政治教育的目标并选择合理的实施方案。人的思想具有复杂性、可变性、突发性等特点，如果事先早有预见，就能够使决策更趋于合理，更具科学性，从而制定出科学的实施方案和具体措施，保证思想政治教育工作的正常发展。三是思想政治教育工作者要具备掌握高科技手段的能力。在现代科学技术，特别是现代网络信息技术对人类生产生活影响日益深刻的今天，思想政治教育工作者必须具备运用现代高科技手段的能力，能够熟练应用现代科学技术手段有效地完成思想政治教育任务。

思想政治教育工作的专业性及其对思想政治教育工作者的极高要求，决定了并非任何人都能从事这一工作、胜任这一岗位。因此，高校在配备思想政治教育队伍时要制定一整套选拔、考核的机制，严把入口关，要做到好中选优。这是保证思想政治教育队伍质量的前提，也是确保思想政治教育队伍可持续发展的必然要求。

第一，严格准入条件，确保选优配强队伍。思想政治教育工作是综合性很强的工作，要求思想政治教育工作者必须具备良好的思想文化素质和专、精、广、博的业务素质。

一是明确意识，端正思想，认真鉴别思想政治教育工作者的能力素质。高校要牢固树立思想政治教育工作的首位意识，端正用人的指导思想，达到人尽其才、才尽其用，切实把政治觉悟高、综合能力强、热爱思想政治教育岗位的人才选配到思想政治教育队伍中来，不能有谁都能做思想政治教育工作的想法。通过选准配强思想政治教育工作者，推动高校思想政治教育工作持续稳步发展。

二是结合实际，因地制宜，制定思想政治教育不同岗位的选拔标准和条件。中华人民共和国成立以来，特别是改革开放以来，党和政府制定的关于高校思想政治教育的系列文件对高校思想政治教育工作者提出了原则要求，这是我们选拔思想政治教育工作者的基本标准。高校在坚持德才兼备的基本原则和政治强、业务精、纪律严、作风正的基本要求的前提下，要正确处理需要与可能的关系，根据高校思想政治教育队伍现状和不同类别人员的岗位职责要求，对标准进行细化量化，确定相应的准入标准和条件，选拔政治素质优、思想作风好、学历层次高、组织管理能力强、愿意做、善于做思想政治教育工作的人员来做思想政治教育工作。

对不具备资格或不符合从业条件者，一律不准进入高校思想政治教育队伍，避免什么人都可以做思想政治教育工作的泛专业和泛职业的倾向，严禁杜绝不讲专业和职业要求随进随出的现象。坚持入口的高标准，才能保证队伍的高水平。如果降低准入标准，只会造成思想政治教育队伍的恶性循环，不可能适应新时代高校思想政治教育工作的需要。

第二，坚持标准，公开选聘。高校思想政治教育工作人员的选聘，要在明确思想政治教育的岗位数量和岗位职责的基础上，通过选拔、引进、外聘等渠道，采取公开招聘等方式，经过笔试、面试和综合考核等过程，坚持条件，严把标准，实行竞争上岗，择优聘用，严把"入口"关，确保思想政治教育队伍的质量。严禁随意降低要求，更不能通过非正常程序，将不合格的人员安排进高校思想政治教育队伍。

目前，高校思想政治教育队伍中新进的人员大都是从高校应届优秀毕业生中招聘。从总体上说，这些毕业生能够胜任高校思想政治教育工作，有的还很快在岗位上做出了显著成绩，但是不可否认，许多从校门到校门的大学毕业生对马克思主义理论的理解、对社会的认识还处在一个比较表面的层次，有的甚至对西方的文化、制度、生活方式、价值观推崇有加。一次性的笔试、面试，是很难深入了解这些学生内心深处的认识的，而高校难以通过长时间接触去全面准确了解这些学生。如何才能从这些毕业生中筛选出优秀者担任高校思想政治教育工作呢？我们认为要把握好这样几点：一是切实择优考察。要把学习、品德、现实表现确实优秀的学生筛选出来，重点考察，择优录用。二是要深入面谈。谈话内容要广泛，应当涉及学科理论、时政热点、政治品格等多个方面，从谈话中探查学生的价值观和认识能力。三是适当舍弃。对那些认识问题较偏激、思路狭窄、性格不佳者，哪怕学历高、职称高，也要坚决舍弃。

第三，解放思想，扩大队伍来源。只有队伍来源广了，选择面宽了，才能"优中选优"，才能选准配强高校思想政治教育队伍。根据高校的实践经验，选拔人才、充实高校思想政治教育队伍，可以通过以下途径：一是从校内外选拔那些年富力强，具有坚定的共产主义信念，一贯坚持党的基本路线，坚定不移地走社会主义道路，具有较丰富的专业知识，热心于思想政治教育，敢于创新的干部，提拔到思想政治教育的领导岗位上来，并依靠他们加强思想政治教育队伍的建设。二是从校内外业务工作第一线的先进分子中选拔，这是充实基层思想政治教育干部的主要渠道。三是从大专院校相关专业（比如思想政治教育、教育学、管理学、心理学、社会学等专业）且符合条件的优秀毕业生中选拔人才，充实高校思想政治教育队伍。要做好这项工作，高校党委既要解放思想，大胆发现人才，又要严格把关，按组织程序，严格考核录用。

三、强化成长意识，加强培养培训，提高队伍综合素质

高校思想政治教育队伍，是培养人和塑造人的主体力量，其素质状况直接决定着思想政治教育的效果。思想政治教育工作者需要成长，其素质与能力的提升

单靠自我学习、自我修养显然不够，需要更多的关心与爱护。习近平总书记特别强调用组织的力量促进思想政治教育队伍的成长。因此，为了尽快提高思想政治教育队伍素质、促进他们尽快成长成熟，高校除了要做好选配工作外，还必须抓好对思想政治教育队伍的培养培训工作。

加强对高校思想政治教育队伍的培养培训，既是时代发展的需要，也是思想政治教育队伍自身状况决定的。

首先，随着时代的发展和社会的进步，对思想政治教育工作者的素质要求也越来越高。一是经过改革开放，中国特色社会主义进入新时代，思想政治教育无论面对的对象、所处的环境还是所承担的任务都发生了深刻变化，现实生活中出现了许多新情况、新问题，一些问题又比较复杂，单靠思想政治教育工作者个人的力量，难以把握住问题的关键和实质，难以妥善地把问题回答好、处理好。这在客观上要求加强对思想政治教育工作者的教育培训，通过培训，用权威的声音解答思想政治工作中普遍存在的困惑问题，让思想政治教育工作者在培训中增进学习和交流，在学习和交流中探索新的思路和方法。二是在信息化飞速发展的互联网时代，互联网已经成为社会生活的一部分，广大的高校大学生更是与互联网接触密切，从聊天工具到网页微博，从各种论坛到个人博客，网络已经成为大学生学习、生活中不可或缺的一部分。网络的迅速发展为高校思想政治教育工作提供了新的方式和契机，也提供了广阔和丰富的教育资源。互联网已经成为思想政治工作的一个新的重要阵地。思想政治教育必须占领这个阵地，利用网络对大学生进行教育和引导，这就要求高校思想政治教育队伍必须掌握网络技术，要学会利用网络开展思想政治教育。

其次，高校思想政治教育队伍总体素质与新时代思想政治教育面临的形势和承担的任务还不相适应。高校思想政治教育队伍的大多数从业人员忠诚于党的教育事业，工作兢兢业业。但是我们也必须看到，这支队伍也存在着一些问题。突出表现为理论水平偏低、科学文化知识不高、工作作风不够扎实、工作本领不够过硬、工作方法不适当、现代信息技术技能较弱。虽然高校思想政治教育总体是有成效的，但是由于一些人还没有自觉地认识到思想政治教育是一门科学，没有从教育培训体制上解决思想政治教育人员的教育培养和提高的问题，导致一些思想政治教育工作者没有经过专业训练，专业基础知识薄弱，业务水平不高，在思想政治教育中不能自觉地按照教育对象的思想活动规律和思想政治教育规律去进行工作，还没有克服思想政治教育某些方面的随意性和盲目性。

在实践中，思想政治工作者有了各种培训机会。比如，高校思想政治理论课教师就有来自教育部、教育厅所定期组织的培训班、实践研修班，以及教育部所单独划定的进修指标等。思想政治教育工作者应当抓住这一大好时机，苦练内功，在各种进修、培训、交流中锻炼自我，提升自我。今后，中央和地方政府部门对思想政治教育工作人才的培养培训要继续加强。一是继续坚持完善分层次、分类别、多形式的培训模式；二是进一步扩大辅导员、思想政治理论课及哲学社会科学课骨干教师的培训面；三是培训内容要全面，既注重提高参加培训人员的业务能力，又注重对参培人员的职业道德、思想政治法律素养、心理素质等方面的教育。

与政府部门的定期、定人培训相比，高校是思想政治教育人才培养培训的主阵地。高校思想政治教育队伍的培养培训，应根据具体实际因地制宜地进行。思想政治教育工作者在工作一定时间后，要有计划分期分批送到其他层次比较高的学校脱产或半脱产进修学习，可以采用在职进修、专题学术研讨班、网上远程培训等学习方式；上岗前应结合他们工作特点进行岗前培训；要注意通过交流、党政轮岗和挂职锻炼等多种途径丰富思想政治工作者的阅历，提高他们的实际工作能力；经常组织他们外出考察学习，开阔视野，丰富知识。总之，通过举办形式多样的培养培训，促使这支队伍及时更新知识、交流经验、扩大视野、提高理论水平和工作能力，以适应不断变化的新形势。

高校要做好思想政治教育队伍的培养培训工作，主要从以下几个方面着手。

第一，高校职能部门要做好培训规划，提供政策保障和资金支持。

第二，遵循培训规律，规范培训内容。就培训内容来讲，一是党的基本理论和创新理论成果。当前的理论学习中，要加强中国特色社会主义理论体系，特别是习近平新时代中国特色社会主义思想的学习。二是各项专业知识，即业务知识的教育，同时加强心理学、教育学、伦理学、社会学、管理学等专业知识的培训。三是各类相关知识的教育培训，主要是培训中外历史、语言学、逻辑学、文学艺术、现代科学技术知识和现代信息技术。结合当前社会实际，尤其要加强社会主义市场经济知识和现代信息技术的教育培训，使思想政治工作者清醒而正确地分析经济形势和创新思想政治教育手段方法,增强思想政治工作的效果。在注重培训内容全面性的基础上,还要坚持循序渐进、突出重点、学贵专精、因人施教等原则,区分不同类型和层次,制订培训计划。做到干什么学什么、缺什么补什么,在相关专业上实现"理论上通、知识上懂、技能上精"的目标。

第三,增强培训的针对性,切实提高培训质量。如果培训形式单一,内容单调,针对性不强,年年培训年年老一套,那么培训人员素质就不可能明显提高,培训就失去了应有的作用。因此,各级培训要把培训内容作为重点来抓,培训前应先搞好调查摸底,什么薄弱就重点培训什么,哪里存在问题就从哪里入手,避免眉毛胡子一把抓,使培训有的放矢,增强培训的针对性。

第四,创新培训方式方法。要通过多样化的培训方式和培训方法增强培训吸引力,增强培训效果。有条件的可以组织培训人员外出参观学习,参加社会调查,增加培训人员的切身体会。

第五,完善培训考核的方式,最大限度地发挥培训的功能。

为了从整体上提高高校思想政治教育队伍的素质,除了加强对思想政治教育工作者的培养培训,思想政治教育工作者个人自学和实践锻炼也是切实可行的重要途径。习近平总书记提出,"教育者先受教育"[1]。这是教育他人的前提。学习是受教育的途径之一,习近平总书记说:"中国共产党人依靠学习走到今天,也必然要依靠学习走向未来。"[2]只有加强学习,才能克服本领不足、本领恐慌、本领落后的问题,才能完成思想政治教育的任务。学习是基础,实践是进一步学习并检验学习的手段。习近平总书记认为,学习与实践是相辅相成的,"学习是成长进步的阶梯,实践是提高本领的途径"[3]。只有加强了实践,才能更好树立群众观点,深刻理解国情,才能知道人民需要什么,才能在实践中不断积累各方面经验和专业知识,增强工作能力和才干。

引导和提倡思想政治教育工作者自学,以思想政治教育工作者素质的提高促进高校思想政治教育队伍整体素质的提高。教育者必先自己受教育,思想政治教育工作者应自觉提升理论素养。为此,思想政治教育工作者应当保持处处学习、时时学习和终身学习的心态,尽一切可能充实提高自我水平。由于思想政治教育

---

[1] 中共中央宣传部. 习近平总书记系列重要讲话读本[M]. 北京: 学习出版社, 2014.
[2] 习近平. 习近平谈治国理政[M]. 北京: 线装书局, 2022.
[3] 习近平. 习近平谈治国理政[M]. 北京: 线装书局, 2022.

工作者个体素质参差不齐，不同岗位的工作要求也不尽相同，要提倡根据自身的素质结构和工作的具体要求，有针对性地进行自学，这样就能较快地收到成效。对于专业基础知识薄弱的人来说，更应抓紧时间学习，同时在工作实践中积累新知识，总结新经验，增长新本领。由于自学的制约条件较少，思想政治教育工作者既可以在工作中学习，也可以在闲余时间学习。因此，通过自学来提高思想政治教育工作者各方面的素质和能力，是加强高校思想政治教育队伍建设的一个行之有效的办法。

要引导和督促思想政治教育工作者积极实践，在实践中锻炼自己、总结经验、增长本领。"实践出真知"，理论从实践中来，科学的理论知识又反过来指导实践。理论和实践从来都应该紧密结合，不可分割。思想政治教育工作者学习专业知识、提高理论水平，这自然很重要，但将这些知识理论运用于实践，并在实践中探索新知识、总结新经验、增强本领更为重要。加强思想政治教育工作者对理论知识的学习，其直接目的就是为了更好地指导实践。当前高校思想政治教育面临许多新情况、新问题，许多问题的解决无经验可循，这就更需要思想政治教育工作者积极大胆投身实践，在实践中汲取新知识、总结新经验、提高工作能力。很多高校思想政治教育工作者都是通过"从家门到校门，从中学门到大学门"的途径成长起来的，基本上没有参加过社会实际工作，缺乏社会阅历和社会实践经验，缺乏对国情的了解，认识问题、思考问题、处理问题与大学生处于同一水平上，对各种西方思潮缺乏应有的辨别能力和剖析能力。由于缺乏社会实践的磨练和严格的政治训练，有的不具备以身作则、严以律己、为人师表、爱岗敬业的优良作风，不能积极地引导和教育学生。因此，高校思想政治教育工作者要敢于实践、勇于实践、善于实践，从实践中总结经验、获取知识，提高自己的工作能力和工作效率。

总之，有计划、有组织、有步骤地开展思想政治教育队伍不间断的各种形式的培养培训，对于不断提高思想政治教育队伍的整体素质，落实党中央提出的"加强和改进大学生思想政治工作"，促进高校思想政治工作走向科学化和队伍建设走向专业化，具有重大意义。

四、强化创新意识，创新方式方法，提升队伍工作能力

创新是思想政治教育的活力所在。在中国特色社会主义新时代和社会信息化

网络化的背景下，思想政治教育工作者必须增强创新意识，紧密结合新形势下思想政治教育的新要求和教育对象的新特点，积极创新思想政治教育的方式方法。

随着中国特色社会主义进入新时代，思想政治教育的内容、目的和任务都相应发生了变化，对思想政治教育提出了新的更高要求。如果我们仍然运用过去那种比较单调，不能掌握和运用适应新形势的工作方法，势必会形成思想政治教育与教育对象相脱离的被动局面，不能达到思想政治教育的预期效果。因此，做好新时代的思想政治教育工作，关键是与时俱进，坚持改革创新，不断探索新思路、新方法，实现自身的不断创新。

时代的发展日新月异，新科学、新技术、新知识不断涌现并逐渐支配着人类的生活。现在的大学生多为"00后"，他们朝气蓬勃、充满活力、积极自信，他们对新知识和新技术非常敏感且乐于接受，但知识体系建构尚未完成，世界观、人生观、价值观尚未完全成形，社会阅历尚不丰富，情感心理尚不成熟。对于伴随互联网成长起来的这代大学生，如果高校思想政治教育沿用老一套，还是老办法、老方式，拒绝互联网等新技术手段，就会处处被动，难求实效。如何运用互联网等新媒体、新技术加强和创新高校思想政治教育，使之富有时代活力、更好立德树人，这是高校思想政治教育工作面临的新课题。要求思想政治教育工作者把握教育规律，以教育对象为本，与时俱进，创新工作方法，取得教育实效。

随着时代的发展，高校思想政治教育的环境、条件与对象都发生了巨大变化，创新是必然要求。可以说，高校思想政治教育比以往任何时候都更加需要创新。创新新时代高校思想政治教育，首先是思想政治教育工作者要有创新的意识和理念。思想是行动的先导，理念决定努力的方向。因此，思想政治教育工作者面对信息化、全球化的新时代要有思想的敏锐性和开放度，要及时发现社会生活与学生思想的新变化，把握时代发展的脉络，要有世界的眼光与开阔的胸怀，努力增强创新意识，敢于摆脱传统观念、思维定式和习惯做法的束缚，实现思想政治教育的手段方法创新，使高校思想政治教育"活"起来。

注重引导式教育。互联网是新形势下铸魂育人的重要阵地，占领它就意味着抢占了思想政治教育新高地。要充分发挥校园网的管理优势、力量优势和话语权优势，依托制度机制、宣教策略和技术手段，构筑生动活泼、富有传播力的舆论场。要创设充满正能量的网络空间环境，在正面引导中使大学生做出正确的价值选择。

要着力强化互联网信息的权威性和可信度，坚持丰富经典原著、创新理论等教育资源，构建思想政治教育资料库，抢占网络思想教育信息传播的先机和制高点。

实行融合式教育。运用网络工作机制的多变性和网络信息形式多样性特征，以多种方法手段，将不同形式、不同内容的信息进行有序衔接传播，将教育由平面引向立体，由静态引向动态。研发大学生思想调查分析系统，开展网上问卷调查、大数据分析，全面快捷地了解、掌握大学生思想状况，提升思想政治教育的针对性和实效性。

必须强调的是，创新思想政治教育的方式方法，并不是要否定所有的传统方法。守正创新，坚持好办法、改进老办法、探索新办法，才是正确的态度。在长期的思想政治工作实践中，中国共产党通过不断探索和总结，形成了许多行之有效的思想政治工作方式方法。这些好的方式方法是我们的宝贵财富，是必须继承和发扬的，也是新时代思想政治教育方式方法创新的基础和前提。

以理服人。思想政治教育的对象是人，做人的工作就要增强说服力，做到以理服人。思想政治教育工作者在做工作的过程中，要耐心细致，做好说服教育工作，对问题的分析、解释要透彻，容易使人理解，从而使工作对象对问题认识比较清楚。

以情感人。思想政治教育是一种集塑造教育、改造教育和养成教育于一体的综合性工作，必须顺应人的思想形成发展规律。思想政治教育工作就是要动之以情、晓之以理、导之以行，才能"润物细无声"，起到春风化雨的作用。

言传身教。思想政治教育工作者是做好思想政治教育的一个活因素。首先，思想政治教育工作者的思想、学识、行为、品德和人格魅力对思想政治教育对象具有极强的示范和榜样效应。周恩来在抗战时期指出，军队政治工作人员本身必须在思想上、政治上、行动上能够做全体官兵的模范，忠实于革命主义，以百折不挠的意志、艰苦耐劳的作风，去影响全体官兵；以谦逊和蔼的态度、耐心说服的精神，去团结全体官兵。这就要求思想政治教育工作者要严以律己，带头向先进典型看齐，带头实践自己宣传的主张，真正做到言传与身教相统一。其次，要善于发现体现时代精神、紧扣时代脉搏、植根于人民群众、有深厚群众基础的先进典型，大力宣传典型。只有这样，才能提高思想政治教育工作者的威信，提高思想政治教育的效果。

实事求是，一切从实际出发。实事求是，是马克思主义的基本原则，是党的思想路线的核心内容，是一切工作的思想方法和工作态度。思想政治教育工作者必须有实事求是的工作态度，一切从实际出发，在工作中既要与社会生活、单位和教育对象的思想、生活实际及其关心的热点问题结合起来，避免空洞说教，又要善于分析对象的不同，采取不同的工作方法，切忌本本主义和教条主义。只有这样，思想政治教育才能做到大学生的心坎上，才能收到事半功倍的效果。

五、强化考核意识，完善激励机制，调动队伍积极性

思想政治教育队伍是高校思想政治教育的组织者、实施者，思想政治教育队伍状况直接决定着高校思想政治教育的兴衰成败。利益是人们行动的基本动因，良好的利益激励机制是做好一切工作的助长剂。要增强高校思想政治教育的说服力和感染力，高校必须进一步建立健全科学的考核评价机制和配套的利益激励机制，对思想政治教育工作人员的工作实行从过程到结果的全方位、定性与定量相结合的全面、及时、科学的考核，并将考核结果与思想政治教育工作者的利益挂钩，切实体现"干与不干不一样，干好干坏不一样"，充分调动思想政治教育工作者的工作积极性。

第一，建立科学的考核评价体系。增强思想政治教育的实效性，应建立相应的考核评价体系，将这种体系形成长效机制。

完善考核评价指标体系，提高考核评价的科学性。考核评价指标的确定关系着如何来判定高校思想政治教育工作者的工作表现。确定合理的考核标准，既可以让被评价者有一个努力的方向和标准，又是考核高校思想政治教育工作者的公开、公平的依据。对高校思想政治教育工作者考核，一般包括德、能、勤、绩、廉等几个指标。"德"主要是指思想政治教育工作者自身的政治素质、道德品质和工作作风；"能"主要是指思想政治教育工作者关于高校思想政治教育工作的业务知识和工作能力；"绩"主要是指对思想政治教育工作者的工作效能，如工作数量、质量、效益和贡献等；"勤"主要是指思想政治教育工作者参加学校学院或年级的理论学习和业务学习的自觉性、主动性和出勤情况，以及基本理论、履行职责必备知识的掌握情况等；"廉"主要是指思想政治教育工作者是否廉洁，是否利用工作便利谋取不正当利益。

高校在确立思想政治教育队伍考核标准时，要考虑到思想政治教育工作的特殊性。以"绩"的考核为例，就不能采取单一的定量方法来考核。思想政治教育队伍的绩效内容与标准明显区别于一般教学科研岗位、行政岗位的教师。一般教学科研岗位有很多绩效可以量化，如课时量可以量化并按量取酬，科研工作也可以按论文数量、等级和课题立项数量和等级等评价，一般行政岗位可以用出勤和工作有没有重大失误等来衡量。但对于高校思想政治教育工作来说，一般的工作态度，如考勤等只是一个标准，其绩效指的是大学生的政治素质和思想道德素质的变化和提高。这个绩效是隐性的而不是显性的，无法用数量来衡量；同时，思想政治教育是长线工作，短期内很难看出效果。因此，高校对思想政治教育队伍进行考核时，要结合大学生思想政治教育工作的特殊性质，坚持定量与定性相结合、以定性为主的原则。一方面，针对思想政治教育队伍日常工作过程的考核可采用一些可量化的数据以使评价更科学、易操作；另一方面，针对思想政治教育队伍工作结果的考核要侧重于设计定性标准来考核，以使评价更全面、深入和有效，能够真正有效地反映高校思想政治教育队伍的工作实效、工作态度、工作作风和工作能力。

改进完善考核方法，提高考核评价的准确性。考核方法是为获得对思想政治教育工作者的正确认识和评价，在考核活动中所采取的手段和工具。为了实现对思想政治教育工作者工作表现的准确客观评价，也为了公平对待队伍中每一位工作者，高校应该在遵循上级规定的基础上，根据自己学校的特点，确定和完善考核的具体方法。不论何种考核方法，都要坚持民主化、科学化、制度化原则，要拓宽参评主体范围，采用上级与下级相结合的方法，走群众路线，让更多的"知情人"参与评价，改变思想政治工作只对上负责不对下负责的弊端。

规范考核程序，提高考核评价的公正性。考核程序是指考核方进行考核时采取的步骤及具体的操作要求。要真实客观地反映出思想政治教育工作者各方面的表现，考核的程序是制度保障。考核程序主要包括考核准备、考核启动、考核结果确定与反馈等几个环节。考核准备环节应该包括成立考核机构，制定明确考核任务和考核内容，重点确定考核程序、考核步骤等事项；考核启动环节要完成考评对象个人述职和考核机构实地了解考核对象综合情况等事项。这是考核工作的核心环节，其工作的好坏直接影响考核结果，主要任务是准确地把握考核思想政治教育者的全面情况，形成初步的印象和概念，为综合评价鉴定做好准备；考核结果的确定与反馈环节主要是按照提前公布的标准，对考核对象的个人述职材料及考核机构实地了解的材料进行综合整理，做出分析判断，按照既定要求对考评对象做出考核结论，形成书面考核材料并交学校人事部门存档，同时委托考评对象所在部门及时将考核结果告知考核对象个人。

第二，建立完善的激励机制。激励是以外部刺激的方式对人的行为起着加速或抑制作用的一种激发或鼓励，是激发人的行为动机的心理过程。激励分为正向激励（奖励）和负向激励（惩罚）。通过奖励机制，对在高校思想政治教育工作中业绩突出、认真负责的思想政治教育个人或集体给予精神或物质的嘉奖，既可以满足其成就感的心理需要，激发其继续努力，也可以对其他相关人员起到某种示范和引导作用；通过适当的惩罚机制，对因个人或单位的主观原因在高校思想政治教育工作中存在严重懈怠或出现严重失误，造成不良后果的个人或集体进行必要的惩戒，可以阻止其继续犯错，激励其努力向上，对其他相关人员或集体也能够起到一定的警示作用。

建立完善的奖励机制。奖励具有鼓励和导向的功能，是高校思想政治教育队伍管理不可缺少的一个重要环节。对于高校思想政治教育工作者的奖励，要坚持如下几个原则：一是目标奖励与过程性奖励相结合的原则。所谓目标奖励，就是按照思想政治教育工作者的最终绩效考核结果与高校思想政治教育工作总体目标的契合程度实行不同等级的奖励；除了目标奖励外，高校还应关注思想政治教育个人的具体成长过程，对个人在工作中的工作态度、工作热情、工作责任等也要做出及时的评价，对于那些工作认真负责、工作热情高、责任心强的工作人员，要及时予以表扬或其他形式的肯定性评价，使思想政治教育工作者在成长过程中感到成长的快乐和成就感。二是物质奖励和精神奖励相配合的原则，既有薪酬奖励、职级奖励、物质奖励，又有名誉奖励、成就奖励和先进奖励。三是坚持集体奖励和个体奖励相联系的原则。优异的个体离不开先进的集体，先进的集体必定会产生优秀的个体。四是奖励要实事求是，量力而行，要有所区别，拉开合理档次，不能吃大锅饭。五是奖励要公平，奖励的条件、标准要统一，不能因人而异。六是奖励办法和程序要事先公开公布，除非重大性业绩，尽量避免事后临时因人因事设奖。

建立必要的惩罚机制。惩罚和奖励都是组织管理的常设性机制，对于高校思想政治教育队伍的管理也是这样。奖励和惩罚相辅相成，二者结合使用，才能管理好思想政治教育队伍。惩罚机制虽说短期内给犯错者带来一定的负面影响，甚至使其直接利益受损，但惩罚机制如果合理且运用得当，也可以起到督促其吸取教训、改正错误，提高工作积极性和责任心、认真履行工作职责的作用。因此，建立完善的惩罚机制，对于增强高校思想政治教育队伍建设实效，也是必要的。结合高校实际情况，高校在建立和执行惩罚机制时，要坚持以下几个原则：一是适度原则。一般来说，高校思想政治教育工作者在工作中出现的问题，属于人民内部矛盾，都是可教育可团结的范围。当前，高校思想政治教育面临许多新挑战、新问题，思想政治教育工作难度加大；另外，在一些高校，思想政治教育还没有被摆到应有的位置。这两种情况客观上会影响思想政治教育工作者的工作态度和工作热情。因此，高校在确定惩戒制度时一定要慎重，要综合考虑造成高校思想政治教育者出现过失或违纪的主客观原因，坚持适度原则，确定惩罚的等级。二是重在教育原则。高校建立惩罚机制的根本目的不是惩戒，而是"惩前毖后、治病救人"，是为了促使被惩戒者自我反思、自我检讨，主动吸取教训，改正错误。因此，高校在惩戒时要细致地做好被惩戒者的思想工作，关注其可能出现的情绪波动和反常行为，并及时予以开导教育，不要使他们背上过重的包袱。三是公平公正原则。惩罚行为可能会给被惩戒者带来身心的伤害，高校在建立惩罚机制时一定要坚持公平公正原则，在客观公正作出考核结果的基础上，严格按照学校相关规章制度，对违纪者做出惩戒的决定，要公平地对待每一位思想政治教育工作者，依法办事。

第三节 新时代高校思想政治教育队伍建设的保障机制

一、坚持党对高校思想政治教育队伍建设的领导

（一）高校思想政治教育中党的领导

中国共产党是中国特色社会主义事业的领导核心，坚持党的领导是我国社会主义建设的各项事业取得胜利的根本保障，各级组织和各条战线都必须坚持党的

领导。党的领导是社会主义大学与西方大学的本质区别所在,社会主义高校必须坚持党的领导。

坚持党的领导,要求高校实行党委领导下的校长负责制,确保党在高校的核心领导地位,要坚持社会主义办学方向,加强对思想政治工作的领导与指导,加强思想政治教育队伍建设,选拔德才兼备的优秀人才充实思想政治教育队伍,不断开创高校思想政治工作新局面。高校党委对学校思想政治工作的领导,是法律法规赋予高校党组织的重要职责。

坚持党对思想政治工作的领导是推进高校思想政治教育队伍建设的政治保障。党的领导是高校思想政治教育队伍建设的有力保障和定海神针。高校党委要按照党中央要求,切实加强对思想政治教育队伍建设的领导,提供必要的人力、财力、物力保障和政策支持,要加强思想政治教育工作者的培养管理,提高思想政治教育队伍整体素质,要关心爱护思想政治教育工作者,为他们排忧解难。

（二）高校思想政治教育中党委的职责作用

高校要提高政治站位,充分认识加强思想政治教育队伍建设的重大意义,把思想政治教育队伍建设纳入学校总体工作部署,确定队伍建设目标,要主导思想政治教育队伍建设的重大决策,协调落实思想政治教育队伍建设的重要任务,主动帮助解决思想政治教育队伍建设遇到的困难和问题,调查研究思想政治教育队伍建设中的热点和难点问题,特别是要在思想政治教育队伍建设中发挥好规划指导、职责分工、组织协调、督促检查等作用。

1. 规划指导

思想政治教育队伍建设的规划指导是高校思想政治教育队伍建设沿着正确的方向发展的重要保证。改革开放以来,党中央高度重视思想政治教育队伍建设的宏观指导,出台了一系列文件,就高校思想政治教育队伍建设的各个方面都提出了建设性意见,从队伍建设的重要性、紧迫性和总体要求、队伍的组织建设、队伍的选聘配备、队伍的培养培训、队伍的考核评价、队伍的激励机制、队伍建设的政策和保障制度等方面对加强和改进高校思想政治教育队伍建设进行了明确的规定。

高校党委要高度重视思想政治教育队伍建设,把思想政治教育队伍建设纳入学校整体发展规划，把思想政治教育队伍建设融入学校党建和思想政治工作总体部署。同时高校要科学制定思想政治教育队伍建设规划，对思想政治教育队伍的岗位设置、人员编制、队伍选拔配备、队伍培养培训、职务职称评聘、建设经费和队伍待遇等做出明确的规定。在制定规划时，要力求做到立足当前，着眼长远，统一思想，明确责任。通过制定规划，明确队伍建设的基本思路和工作原则，提出队伍建设的目标任务和总体要求，确定队伍建设的实施步骤、组织领导等。

2. 统筹协调

高校思想政治教育队伍建设是一项系统工程，涉及面广，工作冗杂，需要高校多个部门分工协作、通力配合才能完成。这就有一个职责划分和组织协同的问题。如果相关部门之间缺乏明确的职责分工和组织协调，必然造成工作中的推诿扯皮。因此，高校党委应该发挥在学校工作中的领导核心作用，对高校思想政治教育队伍建设涉及的所有部门的职责进行明确的划分，使之各司其职、各负其责，既分工又合作、相互配合，形成合力，共同做好思想政治教育队伍建设工作。

3. 督查考核

为把各部门的人力、物力、财力等资源有效地组织动员起来，需要根据高校思想政治教育队伍建设的既定目标，通过建立领导责任制和目标管理体制，一级抓一级，层层抓落实，促进高校思想政治教育队伍建设水平全面提升。在这个过程中，高校党委要抓好监督检查和责任考核工作，使思想政治教育队伍建设真正做到年初有计划，年内有落实，年终有考核，确保思想政治教育队伍建设整体推进，落到实处，见到实效。同时，高校党委要制定相关的奖惩制度，对思想政治教育队伍建设工作有创新、效果好的部门和个人给予奖励，对工作开展不力的部门和个人给予一定的处罚，做到奖惩分明，充分调动学校相关部门和个人的积极性，确保思想政治教育队伍建设工作的顺利推进。

二、健全高校思想政治教育队伍建设的领导体制和组织机制

高校思想政治教育队伍建设涉及面广、专业性强、任务繁重，需要建立相应的工作机构，以加强协调和科学统筹。相应的工作机构和领导体制是高校思想政治教育队伍建设和管理工作稳定开展、顺畅运行的重要保证。

(一)健全领导体制,完善组织机构

健全的领导体制是高校思想政治教育队伍建设的组织保证。从历史沿革来看,高校思想政治教育领导管理体制在沿袭传统政工体制的前提下,根据实际工作需要进行了若干次调整。

高校要建立明确的领导责任制度,建立由党委书记主持、校长和党委副书记以及各职能部门负责人参加的思想政治工作联席会议制度,定期研究思想政治教育工作和思想政治教育队伍建设,部署任务,落实措施,协调力量,形成党委统一领导、各部门分工配合、党政工团齐抓共管的领导体制和工作机制。高校党委要统一领导学校思想政治教育工作,制订思想政治教育队伍建设的总体规划,对思想政治教育队伍建设作出全面部署和安排,督促检查思想政治教育队伍建设情况。校长要对大学生德智体美劳全面发展负责,把思想政治教育与教学、科研、社会服务工作结合起来,把思想政治教育队伍纳入学校师资建设,同时部署、同时检查、同时评估。高校有关部门,尤其是组织和人事部门以及各院系要切实负起责任,积极支持、主动配合,把思想政治教育队伍建设作为干部人事制度改革与发展的重要内容,把中央和地方加强思想政治教育队伍建设的原则和措施全面纳入干部人事制度,共同做好思想政治教育队伍建设工作。

(二)健全组织机制,形成工作合力

从整体上看,我国高校思想政治教育现行的组织机制是校院两级职责分明、条块结合的二级管理体制。这种组织机制有明确的层次区分:高校党委和行政属于战略层次,高校内设相关职能机构属于管理层次,基层院系和全体思想政治教育工作人员属于实施层次。

高校党委作为战略层次的主要任务是宏观把握思想政治教育队伍建设的方向,根据中央和地方的要求,结合高校具体情况,确定思想政治教育队伍建设的总体目标,制定建设规划。

高校行政系统要把思想政治教育工作和思想政治教育队伍建设与教学、科研、后勤服务等工作结合起来,在各项行政工作中贯穿思想政治教育和思想政治教育队伍建设的要求。组织、人事、财务、教学、后勤等属于管理层的部门则要负责贯彻落实,做好协调和检查考核工作,以保障高校思想政治教育队伍建设工作能

够正常进行。此外，还要协调好学校和学院（系）在思想政治教育队伍建设中的权力、义务和责任，属于技术层次的基层院系和全体思想政治教育工作人员则负责具体实施。

高校思想政治教育和思想政治教育队伍建设要取得效果，关键是三个层次之间要形成工作合力，尤其是要理顺学校党委系统和行政系统以及学校机关和学院（系）的配合。例如，在学校层面，党委系统和行政系统在推进高校思想政治教育中协调一致，高校党委必须改变以党代政、事无巨细、包揽一切的现象，否则就会将精力放在具体事务性工作中，并最终造成学校党委在思想政治教育队伍建设领导上的涣散懒惰。反之，如果思想政治教育只由行政部门来做，就会停留在学生事务性工作服务的层面上，思想政治教育缺乏灵魂和高度，最终失去其应有的价值和意义。

此外，如果缺乏统一的调配和领导，学生工作部门和组织人事部门就会经常出现配合上的问题。突出表现在涉及高校思想政治教育工作者级别、待遇、经费等具体问题上互相推诿，特别是思想政治教育工作干部在争取培训、转岗等机会时，经常会遇到协调难的问题。例如，仅仅强调加强高校思想政治教育队伍之间的交流，如果不相应地制定考核、薪酬待遇、晋升等配套政策，就很难取得期望的效果。在学院层面，大学生思想政治教育不能脱离教学，必须由党政齐抓共管，专业课教师与思想政治教育工作者共同协作才可以完成。如果学院党委班子和行政班子各敲各的锣，各唱各的调，思想政治教育及其队伍建设就很难保证效果。目前，我国高校思想政治教育所采取的学校机关与基层学院（系）的二级管理体制带来的直接问题就是人、财、物等行政权力高度集中在机关，而来自工作一线的压力却几乎完全由基层学院（系）来承担。长此以往，不仅容易造成学校机关与学院（系）在具体问题上的矛盾，还会打击学院（系）开展思想政治教育工作的积极性。而对于这一现状，在学院（系）层面往往会出现"上有政策，下有对策"的情况。从体制上看，在学院（系）从事思想政治教育工作的专职辅导员归学工部门、人事部门、学院（系）三方负责，但在实际工作中，学院（系）往往拥有辅导员的实际控制权，这就会出现"管事的不管人，管人的不管事"的情况。因为大部分基层学院（系）工作头绪多，但编制又偏少，相当多的学院（系）让辅导员兼任其他工作，长此以往，不仅思想政治教育工作的效果难以保证，而且辅导员队伍自身素质也难以得到提高。

学校党委系统和行政系统以及学校机关和学院（系）三个层次之间，只有做到既目标一致又各司其职，既职责明确又密切协作，才能形成合力。但是从目前情况来看，在形成合力推进思想政治教育方面，高校恰恰做得不够，存在各部门各自为战、力量分散、重复建设的问题。出现这个问题与高校自身的领导与组织体制有很大关系。按照相关文件规定，高校思想政治工作应该是在高校党委统一领导下，党政干部、共青团干部、辅导员、班主任和其他专任老师相互分工合作的模式。但是从许多高校当前的组织与管理体制来看，却是上面千条线、下面一根针的局面。也就是说具体的统一与协调基本只是在辅导员、思想政治理论课教师这一层级完成。上面依然是千条线，互不隶属，互不干涉。党委副书记（含二级单位党委或党总支）、辅导员、班主任、共青团负责学生的日常思想政治教育，校长、教务处、任课老师负责课程学习，招生就业部门负责招生和就业，其他部门及所属党政干部负责学校日常运转，基本不与学生发生直接联系。这样一来，队伍建设没有核心，无法实现统一协调。因此，高校应该进一步完善思想政治教育组织和管理体制，形成党委统一领导，党政齐抓共管，职能部门组织协调，基层院系具体实施，全体师生员工共同参与的组织机制。

参考文献

[1] 陈万柏. 思想政治教育学原理 [M]. 北京：中国人民大学出版社，2007.

[2] 王学俭. 思想政治教育理论与实践问题的研究视角 [M]. 北京：中国人民大学出版社，2017.

[3] 黄蓉生. 改革开放以来大学生思想政治教育论纲 [M]. 北京：人民出版社，2014.

[4] 陈成文. 思想政治教育的前沿问题十论 [M]. 北京：社会科学文献出版社，2013.

[5] 王安平. 大学生思想政治教育研究（第二辑）[M]. 成都：四川大学出版社，2019.

[6] 孙喜亭. 教育问题的理论求索 [M]. 北京：人民教育出版社，2004.

[7] 周海燕. 高校思想政治理论课教师角色研究 [M]. 北京：人民出版社，2018.

[8] 顾钰民. 高校思想政治理论课教学方法研究 [M]. 上海：复旦大学出版社，2012.

[9] 王能东. 高校思想政治理论课教师核心教学能力研究 [M]. 北京：人民日报出版社，2017.

[10] 张耀灿. 高校思想政治理论课教育教学质量监测体系研究 [M]. 北京：经济科学出版社，2014.

[11] 朱玮. 新时代高校思想政治教育创新发展的价值与突围路径 [J]. 中学政治教学参考，2023，（31）：87-89.

[12] 沈会琪. 新时代加强高校网络思想政治教育的方法与建议 [J]. 食品研究与开发，2023，44（16）：237-238.

[13] 赵越. 新时代高校思想政治教育的创新路径探索 [J]. 食品研究与开发，2023，44（16）：235.

[14] 周翔. 新时代高校思想政治教育管理体系构建的理论与实践 [J]. 食品研究与开发, 2023, 44（16）: 239-240.

[15] 李雪丽. 新时代思想政治教育视角下高校三全育人内在逻辑研究 [J]. 湖北开放职业学院学报, 2023, 36（15）: 103-105.

[16] 侯帆. 新时代高校大学生思想政治教育的创新发展探究 [J]. 食品研究与开发, 2023, 44（13）: 242.

[17] 莫伶, 徐成芳. 新时代高校网络思想政治教育内容建设 [J]. 社会科学家, 2023,（05）: 149-154.

[18] 张无忌, 潘军可. 大数据时代高校思想政治教育创新路径研究 [J]. 佳木斯职业学院学报, 2023, 39（06）: 25-27.

[19] 贺才乐, 黄洁萍. "大思政课"视域下高校思想政治教育协同育人论 [J]. 湖南第一师范学院学报, 2023, 23（02）: 62-69.

[20] 林海燕. 新媒体时代高校思想政治教育教学创新与实践 [J]. 食品研究与开发, 2023, 44（06）: 237.

[21] 田树学. 新时代高校网络思想政治教育质量评价研究 [D]. 长春: 东北师范大学, 2022.

[22] 赵李叶. 新时代高校思想政治教育生态系统建设研究 [D]. 济南: 山东大学, 2022.

[23] 崔佳佳. 新时代高校思想政治教育质量提升研究 [D]. 延吉: 延边大学, 2022.

[24] 李旭峰. 新时代高校思想政治教育精准化研究 [D]. 兰州: 兰州理工大学, 2022.

[25] 杨琳. 新时代中国共产党高校思想政治教育思想研究 [D]. 信阳: 信阳师范学院, 2022.

[26] 靳贺心. 习近平新时代中国特色社会主义思想"三进"高校思想政治教育研究 [D]. 郑州: 郑州大学, 2021.

[27] 窦星辰. 新时代高校思想政治教育话语体系建构研究 [D]. 保定: 河北大学, 2021.

[28] 冯思淼. 红色文化融入新时代高校思想政治教育路径研究 [D]. 兰州：兰州交通大学，2021.

[29] 王欣. 新时代高校思想政治教育环境优化研究 [D]. 南昌：南昌大学，2020.

[30] 阚昌苓. 新时代高校思想政治教育方法创新研究 [D]. 济南：山东师范大学，2019.